PUBLICATIONS DE LA SOCIÉTÉ D'ÉMULATION
DU JURA.

I0153516

DESCRIPTION

DE

LA FRANCHE - COMTÉ.

1925

DESCRIPTION

DE LA

FRANCHE-COMTÉ

PAR

GILBERT COUSIN, DE NOZEROY,

(Année 1550.)

TRADUITE POUR LA PREMIÈRE FOIS

ET ACCOMPAGNÉE DE NOTES,

PAR

M. ACHILLE CHEREAU,

Docteur en médecine, etc.

Publications de la Société d'Émulation du Jura.

LONS-LE-SAUNIER,

Imprimerie et lithographie de GAUTHIER FRÈRES.

—

1863

COGNATVS NOZERENVS · GILBERTVS · 46 · ÆTATIS SVÆ · ANNO

15 53.

NOTICE

SUR

LA VIE ET LES OUVRAGES

DE GILBERT COUSIN.

Lorsqu'on envisage dans son ensemble ce prodigieux seizième siècle qui a accompli tant de choses, et qui, renouant la chaîne, depuis si longtemps rompue, des civilisations littéraires, a replacé les lettres sous la tradition et sous le souffle, pour ainsi dire, des aspirations antiques, on est comme ébloui par le nombre considérable d'hommes de génie qui ont contribué à ce mouvement immense des esprits.

Et puis, le premier sentiment d'admiration donné à cette grande époque, on est douloureusement surpris de voir que de tant de travailleurs marchant en cohorte serrée vers un but commun, il en est peu qui soient parvenus jusqu'à nous le front ceint d'une auréole de gloire, et qui aient échappé, sinon à l'oubli complet, du moins à l'indifférence.

Voici, par exemple, un enfant du noble comté de Bourgogne, disciple du grand Erasme et inspiré par ce prince des lettres, qui a consumé sa vie dans les veilles et les études; qui, dans son temps, a joui d'une grande renommée et fut comblé d'éloges et d'adulation; qui n'ignora, en effet, presque rien de ce qui était alors du domaine de l'intelligence; qui a touché à tout, à la théologie, à la philosophie, à la jurisprudence, à la dialectique, à la métaphysique, à la médecine, à l'histoire, à la géographie; qui fut un favori des Muses, familier avec les grands écrivains de l'antiquité, les docteurs de l'Eglise et les saints Pères, parlant et écrivant avec grâce les langues de Tacite et d'Homère, propageant dans sa patrie qu'il aimait tant, et avec un zèle infatigable, l'amour des lettres et des bonnes études, employant sa vie entière à commenter, à traduire les auteurs anciens, à corriger les textes viciés par l'ignorance des copistes, livrant à l'impression quelque chose comme cent ouvrages, c'est-à-dire une véritable encyclopédie, et aidant ainsi activement au triomphe de la Renaissance... Eh bien! prononcez devant la foule le nom de Gilbert Cousin, même sur sa terre natale, à peine éveillera-t-il un souvenir, qui va de jour en jour s'évaporant sous le souffle destructeur de trois siècles!..

Cet homme célèbre, ce grand patriote mérite assurément plus de justice.

En publiant aujourd'hui, sous les auspices de la *Société d'Emulation du Jura*, la traduction, avec le texte, du plus remarquable et du plus national de ses ouvrages, nous sommes certain d'éveiller dans le cœur non oublieux des Franc-Comtois un sentiment inaltérable de respect et d'affection pour leur illustre et infortuné compatriote.

Le mercredi 21 janvier 1506, à six heures du matin, dans une modeste maison de Nozeroy, Jeanne Daguet, d'Orgelet, femme de Claude Cousin, donnait naissance à un fils qui reçut le nom de Gilbert.

Le nouvel hôte arrivait assez mal à propos.

Car, quoique Claude Cousin tînt à Nozéroy un poste important dans la magistrature, et qu'il pût s'enorgueillir d'un écusson armorié, la fortune lui avait peu souri, et il était beaucoup plus riche en vertus qu'en deniers comptants.

D'ailleurs, les nombreux enfants que la Providence lui avait envoyés (1) avaient apporté dans le foyer domestique, sinon la pauvreté, du moins une gêne à peu près continuelle.

Néanmoins, le jeune Gilbert ne manqua pas, dès les premiers âges de la vie, de précepteurs habiles, zélés et d'autant plus précieux, qu'il put les choisir dans sa famille même, tels que : Louis de Vers, abbé du Mont-Sainte-Marie; Guy de Vers, magistrat, seigneur de Tez; Henri Colin, membre du Parlement de Dole; Didier Morel, official de l'archidiacre de Besançon, tous oncles maternels de notre Gilbert.

C'est après avoir puisé auprès de ces hommes distingués les premiers éléments de l'instruction, qu'il alla frapper aux portes de l'Université de Dole, corps

(1) Nous ne pouvons pas dire les noms de tous ces enfants, — Claude Cousin en eut neuf, — ni le rôle qu'ils ont joué sur la scène du monde, mais il nous est permis, du moins, de donner quelques renseignements sur cinq d'entre eux :

1o Etienne Cousin devint maréchal de camp à Conroy, dans le Brabant, et fut tué glorieusement en juillet 1541, après avoir soutenu avec honneur contre les Gueldres un siége commandé par Martin van Rossen.

2o Louis Cousin choisit aussi la carrière des armes, et fut tué en 1546, dans une expédition en Angleterre.

3o Hugues Cousin adopta pareillement l'état militaire.

4o Jeanne Cousin épousa Jean Caffoz, capitaine du château de Jougne.

5o Marguerite Cousin fut mariée à Etienne Grasset, protoscribe.

Un dossier conservé à la bibliothèque impériale (Mss. Cab. des Titres), nous fait savoir que Gilbert Cousin était oncle de Marie-Barbe Cousin, mariée en 1620 à Jacques Blondeau, écuyer, capitaine dans les armées de Louis XIV, et qui assista même à la prise de Salins. Mais c'est tout.

très-célèbre à cette époque, riche en professeurs du plus grand mérite, et qui avait produit des hommes respectés par leurs talents et la vénérabilité de leur caractère.

Gilbert Cousin arrivait à Dole avec l'idée de se livrer spécialement à l'étude de la jurisprudence, qu'il commença en effet sous la savante direction de Pierre Phœnix et de Jacques Lestrœus. Mais il se fatigua bientôt de cette science ardue à laquelle il consacra là, comme il le dit, « sinon beaucoup de temps, du moins beaucoup de travail, » et s'imaginant que la médecine conviendrait mieux à ses goûts, il se lance, avec la légèreté d'un cerveau de vingt ans, dans les bras de cette vieille maîtresse. Nouveau désappointement! Au bout de quelques mois, la médecine ne le charme plus, et sans avoir obtenu aucun grade dans cette science, il l'abandonne pour la théologie.

Vous croyez peut-être que notre jeune étourdi va enfin adopter la carrière ecclésiastique, à laquelle, du reste, le poussaient ses parents, des traditions de famille et les puissants patronages qu'il y eût aisément trouvés? Ce serait mal juger du caractère de notre Gilbert, dont l'imagination ardente faisait souvent taire la réflexion, et qui incité par une ardeur insatiable d'apprendre, voulait embrasser toutes les connaissances humaines. Il était, comme il le dit, à cet âge « où le jugement fait défaut (*judicio carens*), où l'on ne sait ni choisir, ni imiter, ni rejeter, et où l'on ne trouve jamais sûre et assez aplanie la route qui s'ouvre devant vous (1). »

_____

(1) Lettre de Cousin à Jean Matal et à Sébastien Rosier.

D'ailleurs, aussitôt qu'il eut ouvert des livres de droit, et particulièrement les *Commentaires de Bartole* sur le droit romain, il se heurta désagréablement contre les interprétations interminables et d'une désespérante prolixité des jurisconsultes modernes, tandis que la brièveté, la grande élégance des auteurs latins le pénétraient d'admiration. Cet amour pour l'antiquité alla si loin, qu'il se mit à resserrer dans ce style laconique des anciens tout ce qu'il entendait sur les bancs de l'école, tous les *Commentaires de Bartole*, « négligeant ainsi la chair et la moëlle pour ne s'occuper que du derme. »

Déjà, dans le cœur de ce jeune homme, commençaient à germer ces brûlantes aspirations vers un temps lointain, qui commençaient à enflammer tous les esprits.

A cette époque — c'était en l'année 1527 — vivait à Fribourg, dans tout l'éclat d'une renommée justement méritée, Ulric Zase, un des plus célèbres jurisconsultes du xvie siècle. Nous ne savons quelles circonstances rapprochèrent ce noble vieillard et Gilbert. Toujours est-il, qu'à l'époque que nous indiquons ici, ce dernier était inscrit parmi les commensaux du professeur de Fribourg, et qu'il continuait là les études de droit qu'il avait commencées, et si vite interrompues à Dole et à Bâle, sous Boniface Amerbach.

Il y a toujours dans la vie d'un homme un fait, un événement, une étincelle, qui jaillissent tout à coup sans avoir été attendus, sans avoir été préparés, et qui disposent souvent de son existence entière.

Le hasard voulut que dans le temps que Gilbert Cousin était pensionnaire d'Ulric Zase, un des plus grands hommes du siècle, le prince de l'intelligence, et qui, de pauvre petit enfant de chœur abandonné d'Utrecht, en était arrivé à refuser la pourpre romaine, Erasme enfin, las de ses courses vagabondes, de ses perpétuels voyages, se décidât à choisir la ville de Fribourg pour sa résidence habituelle. Le hasard voulut encore que le grand homme, qui avait acheté une maison à Fribourg, et qui y fût plus d'une fois gravement malade d'un abcès abdominal, eût besoin d'avoir auprès de lui, en qualité de domestique, un garçon jeune et intelligent pour remplacer celui qu'il avait envoyé en Angleterre (1), et qui n'en était pas revenu. Il jeta les yeux sur le commensal de son vieil ami Ulric Zase, et Gilbert Cousin entra bientôt chez le philosophe de Rotterdam, portant au front le sceau de la servitude, et partageant les soins de la maison avec dame Marguerite, dont Erasme fait le portrait en cinq mots : *furax, rapax, bibax, mendax, loquax* (2), voleuse, avaritieuse, buveuse, menteuse, jaseuse.

Il n'est pas sans intérêt de déterminer avec précision l'époque de ce commencement d'intimité entre notre Franc-Comtois et Erasme, comme étant l'événement le plus important dans son existence, celui qui sans aucun doute l'a fait ce qu'il a été, et l'a lancé dans ce sentier de gloire et de renommée, si souvent hérissé des épines de l'adversité. Ce fut dans le mois de septembre 1529. Il y avait à peu près quatre mois qu'Erasme s'était établi à Fribourg, où il arriva vers la fin d'avril de la même année.

---

(1) Il se nommait Jacques.
(2) Lettre d'Erasme ; *in vitâ Erasmi*, par Paul Merula ; Lyon ; 4o, 1562.

Il n'y a plus à discuter sur ce rôle que Gilbert Cousin accepta près du philosophe, et qui fut bien celui de domestique. Le mot de *famulus* dont se sert si souvent le célèbre écrivain à l'égard de Gilbert, ne peut laisser aucun doute. Peut-être le noble jeune homme, en faisant ainsi bon marché de sa dignité personnelle, entrevoyait-il à l'horizon les liens de vive amitié qui allaient l'unir au prince des lettres, et tous les bénéfices intellectuels qu'il devait tirer au contact permanent, intime, d'un homme que les rois et les princes n'approchaient qu'à grand'peine, et qui, pour rester indépendant, avait refusé les offres des papes Paul III et Clément VIII, de l'empereur Charles-Quint, du roi de France François Ier, de Sigismond, roi de Pologne, et de Ferdinand, roi de Hongrie.

Ses rêves devaient être en partie réalisés. Erasme ne tarda pas à découvrir chez son nouvel hôte des qualités peu ordinaires, une intelligence de premier ordre, de la vivacité dans le jugement, un immense désir de s'instruire, une instruction déjà solide, mais variée, de l'application au travail, des mœurs douces, honnêtes; et au bout de quelques mois, il l'associait à ses travaux, le nommait son secrétaire (amanuensis), et le faisait asseoir en face de lui, à cette table de travail qui avait été la muette confidente de tant d'admirables productions de l'esprit.

On possède deux lettres d'Erasme écrites le 11 décembre 1533, l'une à Louis de Vers, abbé du Mont-Ste-Marie, parent de notre Gilbert; l'autre au trésorier François Bonvalót. Aucun autre document ne peut donner une idée aussi nette de la vive affection que le philosophe portait à son secrétaire, et de la haute opinion qu'il avait en ses talents et en son intelligence. Aussi, nous en donnons des extraits :

Fribourg, 11 décembre 1533.

ERASME A LOUIS DE VERS.

Révérend Père, etc. J'ai depuis plus de trois ans, comme fidèle et serviable domestique, Gilbert Cousin, que je considère, cependant, à cause de ses mœurs libérales, non pas tant comme domestique (famulus), que comme mon commensal (convictor), et mon associé dans mes travaux. Je félicite votre Grandeur d'avoir un tel parent, et je le félicite, lui, d'avoir un aussi excellent patron. Je désire qu'il vous doive encore plus ; car telle est ma fortune, que je suis bien plus apte à communiquer les lettres qu'à donner des richesses ou des sacerdoces. J'espère, néanmoins, qu'il n'a pas lieu de regretter le temps qu'il a passé dans ma maison, car outre les fruits d'érudition qu'il a puisés dans son commerce avec moi, ce qui n'est pas à dédaigner, Votre Sagesse sait combien la jeunesse livrée à elle-même est portée à la corruption. Ailleurs il eût pu se laisser un peu entraîner à la contagion par les fauteurs des sectes. Près de moi, si par hasard il a obéi à cet entraînement, il a pu s'y arracher. J'imagine que ces fruits obtenus ne peuvent être tenus en comparaison du plus ou moins de salaire. Mais Gilbert a si bien mérité de moi, que j'ai mis en commun avec lui mes petites fortunes, et qu'en outre je lui ferai avoir quelque office. C'est vous dire assez combien il m'est cher, et je vous serais bien reconnaissant s'il revenait au plus tôt près de nous...

On sent dans cette lettre une vague crainte d'Erasme de voir son cher secrétaire le quitter. Et ces craintes n'étaient que trop fondées. Gilbert, en profitant d'un congé de quelques semaines pour aller saluer de nouveau sa chère patrie, devait se trouver à Nozeroy, de la part de ses parents, en butte à des influences et à des pressions tendant à le détacher de son illustre précepteur.

Fribourg, 11 décembre 1533.

ÉRASME A FRANÇOIS BONVALOT, TRÉSORIER.

...Révérend Père, Louis de Vers, abbé du Mont-Ste-Marie et de la Charité, a conféré un certain sacerdoce à Gilbert Cousin, son parent et mon domestique. Il aura peut-être besoin de votre protection ; je vous prie instamment qu'elle ne lui fasse pas défaut. C'est un jeune homme qui en est digne, aux mœurs pures et intègres, et qui n'est pas sans instruction. Assurément, il m'a été d'un grand aide (adjuventum) depuis quelques années, dans mes travaux. C'est pourquoi, ce que vous ferez pour lui ce sera comme si vous l'eussiez fait pour moi. J'entends dire que la plupart des sacerdoces sont conférés par vous, et votre prudence sait que la religion chrétienne dépend en grande partie des pasteurs...

Gilbert Cousin passa à peu près six ans auprès d'Erasme (1), aspirant à pleins poumons cette grande atmosphère d'érudition, composant sous les yeux du

---

(1) Lettre de Cousin à Erasme.

maître un petit livre qui eut un grand succès, et tellement estimé de son illustre précepteur, que ce dernier fut sur le point (si même il ne l'a pas fait) de
confier à son secrétaire la composition de l'*Opus Ec-
clesiastœ*, publié à Bâle en 1535 (1).

Plus d'une fois aussi Gilbert eut le bonheur de
rendre à son « incomparable patron, » des services
que réclamait sa mauvaise santé. Ainsi, le 12 octobre
1533, nous le voyons partir de Fribourg, se rendre
à Nozeroy et en rapporter, le 19 novembre, trois
mesures de ce bon vin franc-comtois qui convenait si
bien à l'estomac délabré d'Erasme.

Dans le mois d'août 1535, Erasme ayant quitté
Fribourg, et étant venu s'établir à Bâle, — pour y
mourir, — il envoya son Gilbert (31 septembre 1535)
dans la première de ces villes, avec procuration de
vendre la maison et les meubles qui y avaient été
laissés.

Il semble aussi qu'Erasme n'ait pas dédaigné d'honorer de sa présence la petite ville de Nozeroy, et de
se reposer sous le toit hospitalier des Cousin. Ce qu'il
y a de sûr, c'est qu'on voyait encore en 1779, dans une
maison dépendante du chapitre St-Antoine, dans celle,
évidemment, qui avait appartenu à Gilbert, une peinture à fresque, mutilée il est vrai, mais sur laquelle on
découvrait aisément deux personnages, — Gilbert et
Erasme, — vêtus d'un habit blanc, avec un scapu-
laire noir, et écrivant sur la même table (2).

---

(1) Nous lisons, en effet, dans une lettre d'Erasme : « Committam opus
Ecclesiastæ Gilberto Cognato, amanuensi meo, si posset ferre onus. »

(2) Voy. F.-J. Romain-Joly, capucin ; *la Franche-Comté ancienne et
moderne* ; Paris, 1779 ; 8°, p. 55.

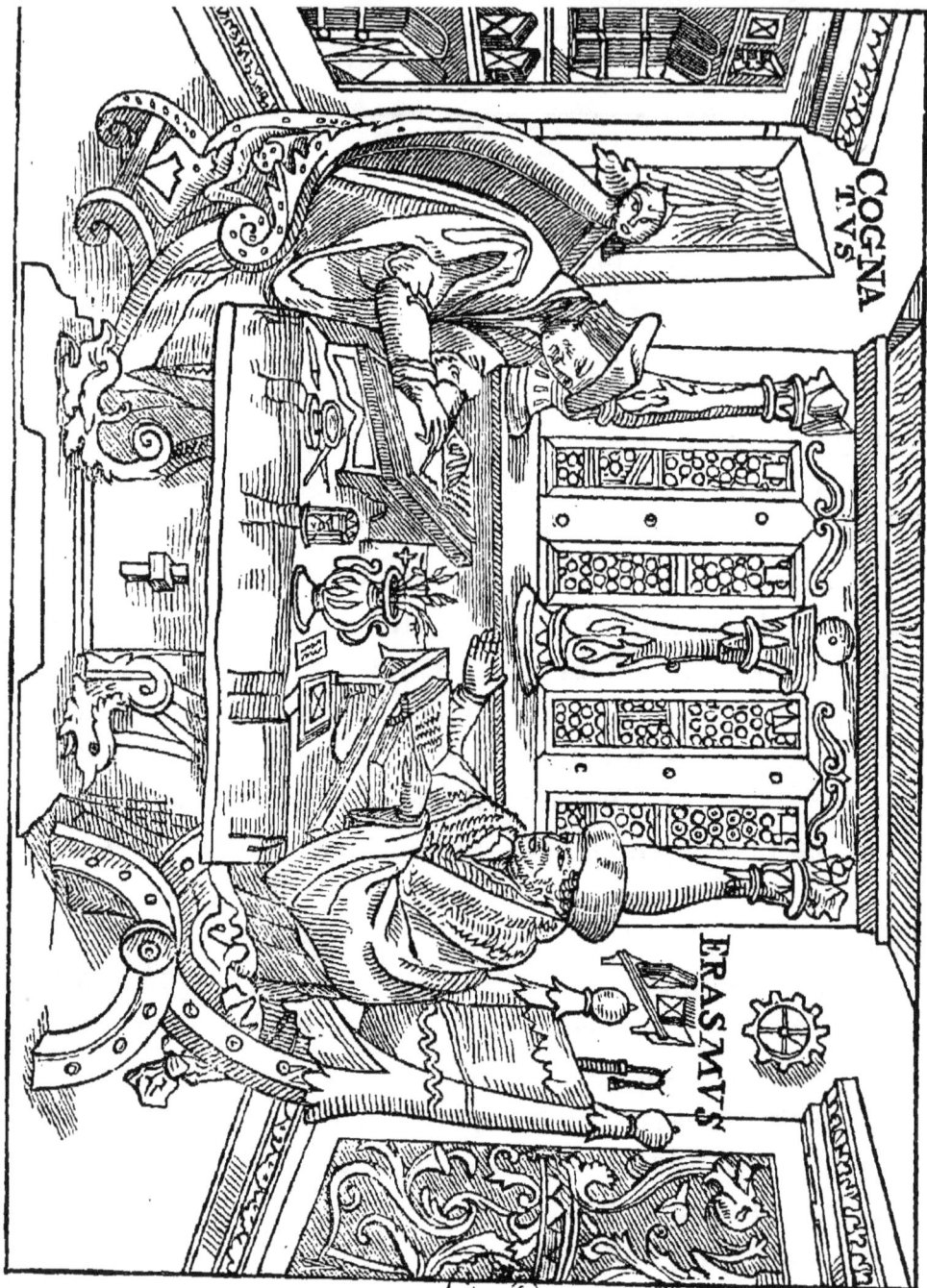

Il n'est pas douteux pour nous que c'est cette peinture qu'en l'année 1553, Jean Oporin, imprimeur à Bâle, a reproduite par le burin, et dont il a enrichi un petit livre rare et bien curieux, portant ce titre : *Effigies Des. Erasmi Roterodami, literatorum principis, et Gilberti Cognati Nozereni, ejus amanuensis, unà cum eorum symbolis, et Nozeretho Cognati patria* Bâle, *J. Oporin; août 1553; 8º.*

Ce volume renferme, outre des pièces de vers, des éloges adressés à Erasme et à Cousin, — comme si on avait voulu souder, en quelque sorte, ces deux hommes ensemble, — et leurs portraits, deux vues de Nozeroy, la gravure que nous reproduisons plus haut et qui, je le répète, semble avoir été copiée sur la fresque de la maison claustrale de Nozeroy; et enfin l'emblème assez orgueilleux d'Erasme (le Dieu Terme avec ces mots : *Nemini cedo*), et celui beaucoup plus modeste de notre Franc-Comtois.

Gilbert Cousin avait pris pour devise un serpent et une colombe arrangés de manière à représenter ses

initiales G et C, et posés sur un livre appuyé lui-
même sur une pierre carrée, et à l'entour ces mots :

Simplicitas prudens
Prudentia simplex.

Les vers suivants, composés par un ami de Gilbert
Cousin, donnent l'explication de cette devise :

Doubte tu que cecy peult estre?
Vois-tu par la première lettre
De Gilbert en columbe painte
Et d'un serpent, laquelle ceinte
On a sus un livre planté,
Qui est fermement sustanté
D'un quarreau et pierre angulaire?
C'est (sans mentir) du débonnaire
Docteur Gilbert la démonstrance,
Le vray type est signifiance :
Car Christ qui la pierre angulaire
A esté (comme il est notoire)
Est du prophète anciennement
Et l'immobile fondement
De son savoir, vie et doctrine.
Mais le livre nous endoctrine
Qu'en sainte vie et divine science
Ce bon docteur est en prudence
Son plaisir et son cœur repose,
Estudiant en toute chose
De se montrer sage et prudent
Comme l'escrit dit du serpent,
D'estre doux, simple et vertueux
Comme une colombe en tous lieux.

Comme on vient de le voir par la lettre d'Erasme
à François Bonvalot, Gilbert Cousin avait enfin adopté

la carrière ecclésiastique, il était entré dans la prêtrise, et environ deux ans après, le 5 janvier 1536, il était nommé premier chanoine de l'église collégiale de St-Antoine de Nozeroy, par René de Nassau, prince d'Orange, en remplacement d'Erasme Galtier, mort le jour précédent.

Ici commence une série de tribulations, de tiraillements, qui assaillirent ce pauvre Gilbert, et qui le poussèrent comme malgré lui à une décision dont il eut à se repentir toute sa vie, et qui fut la source de tous ses malheurs.

Erasme était moins que riche, comme on le sait. Il payait très-médiocrement son secrétaire, et, comme il le dit lui-même, « il était bien plus apte à communiquer les lettres qu'à donner la fortune. »

Les parents de Gilbert, qui voyaient se développer chez lui des talents hors ligne, et qui étaient parvenus à le faire nommer premier chanoine de Nozeroy, jugèrent assez imprudemment que leur fils ne trouverait point, dans la continuation de son commerce avec le grand homme, les éléments de la fortune, et ils agirent si puissamment sur son esprit qu'ils le forcèrent à quitter Erasme, et à se lancer dans les hasards de la vie.

Cette séparation douloureuse et pour le maître et pour l'élève, eut lieu dans le commencement d'octobre 1535.

On attache avec juste raison un grand prix aux lettres écrites par des hommes de génie. Il y a là plus que la pensée ; il y a pour ainsi dire le son même de la voix et l'accent vivant de la parole.

Aussi, n'hésitons-nous pas à donner ici des fragments de la correspondance qui s'établit alors, soit entre Erasme et Gilbert Cousin, soit entre ces derniers et d'autres personnages. On y verra l'inaltérable affection de ces deux hommes, la profonde amertume qui saisit le philosophe de Rotterdam, lorsqu'il vit son secrétaire lui échapper définitivement, et les chagrins cuisants qui tourmentèrent le nouveau chanoine, lorsque livré seul à lui-même, enlacé dans des procès de toutes sortes au parlement de Dole, il jetait un regard en arrière, se rappelant la douce quiétude qu'il avait auprès du prince des lettres, et les trésors de littérature, où à son contact, il avait puisé à pleines mains.

Bâle, 7 octobre 1535.

ERASME A LOUIS DE VERS.

Je désirerais que Gilbert, votre élève, et jusqu'ici mon secrétaire, restât auprès de moi jusqu'au printemps prochain, époque à laquelle je partirai, avec les hirondelles pour votre Bourgogne. Gilbert ne faisait aucune difficulté à cela, mais l'affection qu'il porte à ses parents, qui désirent ou craignent je ne sais quoi, l'a poussé à revenir vers eux. Cela étant d'un bon sentiment, j'ai préféré me conformer à sa manière de faire, que d'écouter ma propre utilité. Vous jugerez par vous-même des progrès qu'il a faits dans les lettres. Je lui ai tant donné de mes biens, que quelques petits que soient ces derniers, je ne pense pas qu'il puisse m'accuser d'avarice. Quoi qu'il en soit, nous sommes prêts à lui être utiles partout où le sort le conduira. Il est appelé par son âge et son esprit à de grandes choses. Pour moi, il ne me reste qu'à décroître de jours en jours...

Bâle, vers janvier 1536.

ERASME A GILBERT COUSIN.

Dernièrement, j'ai écrit quelques mots par l'intermédiaire d'un membre de votre famille. Et à cette époque, cloué au lit, j'ai été forcé d'écrire au roi Ferdinand et au cardinal de Trente, pour le Parlement de Dole........ Cet hiver m'a traité odieusement; les premiers froids de novembre m'ont brisé.......

Adieu, et conservez-moi l'amitié que nous nous sommes promise à l'époque de notre séparation. Jérôme Frobenius, Boniface Amerbach, Sigismond Gelenius vous saluent...

Bâle, 11 mars 1536.

ERASME A GILBERT COUSIN.

*J'ai reçu le **28** février vos lettres datées du **21** du même mois, et par elles je vois que vous n'avez pas reçu celles postérieures que je vous ai écrites, et que je vous ai envoyées par un voiturier. Elles eussent dû vous parvenir par l'intermédiaire d'Etienne Dupré. Maintenant quelques mots sur votre lettre.*

Je n'accepte pas volontiers les excuses que vous me donnez de votre silence. J'eusse préféré être vrai ce que je soupçonnais; à savoir que le succès vous avait assez enivré pour nous oublier. Cependant, j'ai été profondément touché de votre affection à mon égard, quoique votre fortune m'inspire des regrets mêlés d'un peu de joie...

Les anciens amis s'en vont dans la tombe; ceux qui restent sont tout prêts à les suivre. En Angleterre est mort Pierre Tomicius, évêque de Cracovie; Zaze à Fribourg..... Je reviens à votre affaire.

Si comme vous le dites en termes exagérés, et avec plus d'honnêteté que de vérité, ma société vous paraît si heureuse, sachez qu'elle vous est encore ouverte. Je n'ai encore pris personne, excepté Lambert, jeune homme doué des meilleurs sentiments, et qui m'est bien utile pour mes affaires domestiques. Après l'interruption de notre commerce, nous serons plus agréables l'un à l'autre, vous aurez moins de travail. Je vous recevrai comme un ami, et vous vous apercevrez un jour de ma libéralité. S'il m'arrive quelques biens terrestres, j'aurai soin qu'il vous en revienne une portion non à dédaigner. Vos parents font plutôt leurs affaires que les vôtres. Ils demandent une colonne pour soutenir l'édifice qui penche. Là est la véritable affection des parents imbéciles. Ils poussent au capuchon ou au sacerdoce un de leurs enfants, persuadés que tout sera en sûreté s'ils préparent des âmes qui prieront pour eux. Et en fin de compte, ils préparent des âmes qui prieront mal d'eux. Dans ces sordides négociations vous consumez les plus belles années de votre vie, et quoi que tout allât pour le mieux à votre gré, je vous conseillerais bien de vous séparer de vos parents. Ils veulent commander perpétuellement et ne se rappellent guère pourquoi les enfants sont appelés LIBERI. *Le respect, la charité doivent être perpétuels, mais non pas le commandement. Si cette situation vous est pénible, et s'il ne vous est plus permis de revenir vous confier à notre gouvernail, vous pourriez vaquer assez commodément aux études auprès de Damien de Goes. Si vous avez besoin de ma recommandation auprès de ce dernier, ou auprès d'autres, sachez qu'elle ne vous fera jamais défaut. En résignant votre prébende, de manière à ce que celui auquel vous la donneriez vous paierait soixante couronnes, vous pourriez avec cet argent vaquer aux études..... Je pense à votre Bourgogne, mais je crains bien que la souffrance ne me retienne ici..... Je vous remercie infiniment pour vos petits présents..... Ne voyez dans cette lettre que mon affection pour vous, et soyez convaincu que mes conseils sont sans fard. A vous de juger du reste. Je prie Dieu qu'il vous inspire. Vous me trouverez partout et toujours votre ami. Adieu.*

GILBERT COUSIN A ERASME.

Il lui parle des lettres qui commencent à prendre essor dans le Comté de Bourgogne, sous l'impulsion de professeurs habiles, tels que Jean Tornond, Léonard de Gruyères, François Bonvalot, Jacques Dussin. Puis il continue ainsi :

Maintenant, en ce qui me concerne, je ne sais en vérité que vous dire. Pour l'avouer franchement, je suis là au milieu de la place, ne sachant que faire. Que n'y a-t-il pas à espérer ici? Que n'y a-t-il pas à craindre? Où trouver la sécurité?

Iliacos intra muros peccatur et extra.

En vérité, je n'ai pu encore arrêter ce que je ferais. Tout ce que je sais, c'est que je me sens animé d'un grand amour pour ma patrie; car suivant Platon, nous sommes ici non pas tant pour nous-mêmes que pour notre pays... Ce que la pauvre humanité a à supporter, ce qui est réservé à nos plus tendres affections, vous le savez mieux que personne. Moi, je l'ai éprouvé dernièrement par la mort de cet excellent homme, Didier Morel, official de l'archidiacre de Besançon, et de Pierre Daguet, tous deux mes oncles maternels... Mon père et ma mère vous saluent avec tout le respect possible. Il en est de même des jeunes Bourguignons qui étaient avec moi à Fribourg. Moi, mon illustre précepteur, je vous rends mille grâces pour vos bienfaits. Ne m'oubliez pas, je vous prie, auprès de Boniface Amerbach, Sigismond Gelenius, Jérôme Frobenius, Nicolas Episcopi, et Jean Hervagius.

2 novembre.

GILBERT COUSIN A ERASME.

Illustre Erasme! Honneur de notre siècle! Me voilà seul déplorant la fortune qui a voulu qu'après le bienheureux commerce que j'ai eu avec vous, je me sois jeté de plein gré dans les hasards et les périls. Lorsque j'étais avec vous, aucun mortel n'était plus heureux. Maintenant, je crois, personne n'est plus infortuné, non pas tant parce que je suis tombé dans le gouffre du monde, que parce que je me vois privé de votre savante fréquentation. Je ne sais quel mauvais génie m'a enlevé à cette vie si douce et si honorable pour moi. Il arrive la plupart du temps, imprudents que nous sommes, que nous ne prenons pas soin des biens présents, et que nous voudrions les ressaisir lorsqu'il n'est plus temps. Oh! je souffre cruellement du malheur qui

*m'est arrivé... Je vois des savants illustres ne pas hé-
siter, pour vous voir, à accomplir de longs voyages,
et se trouver bien heureux lorsqu'ils ont pu vous entendre ou s'attirer votre amitié. Et moi qui ai été inscrit au nombre de vos domestiques, moi qui ai pu vous
contempler, entendre vos divines paroles, profiter des
leçons du prince des lettres,... j'ai abandonné tout cela.
Malheureux! jetant au vent ce que les plus riches ne
pourraient obtenir à prix d'or. Misérable, infortuné
que je suis! Me voilà repoussé dans les carrières de ce
monde! Eternellement, je maudirai ceux qui m'ont jeté
dans ces procès inextricables. Eternellement, je maudirai ceux qui m'ont arraché au commerce bienheureux
qui me liait à vous, et qui serait devenu pour moi une
source de grands honneurs...*

Bâle, 17 mai 1536.

ERASME A FRANÇOIS BONVALOT.

*Je vous ai grande obligation pour le vin aussi bon
que charmant que vous me donnez; mais puisque à
celui auquel vous donnez tant, vous voulez donner encore davantage, je vous prie d'ajouter un dernier bien-
fait, qui me sera le plus agréable et le plus utile de
tous. La vieillesse s'appesantit de plus en plus sur ma
tête; la maladie me harcèle. J'ai un pressant besoin
de Gilbert Cousin, qui, par son commerce avec moi
pendant plusieurs années, connaît tous mes besoins.
Mais j'apprends qu'il est embarrassé dans je ne sais
quel lacis de procès, dont il pourra avec votre aide
se tirer aisément. Il se soumettra à telles conditions
que ce soit, pourvu qu'elles frôlent un peu l'équité.*

Mgr Pierre Richardot lui viendrait ici en aide si vous lui en touchiez quelques mots, et surtout si vous lui prêtiez votre concours auprès du Parlement de Dole... Si Dieu me donne assez de force pour aller à Besançon, Gilbert me serait là d'une grande utilité, car mon autre serviteur ne sait pas le français...

Hélas! ces vœux, ces désirs d'Erasme de revoir Besançon où, quelques années auparavant, il avait été reçu en roi, ne devaient pas se réaliser. Miné par la goutte, épuisé par une terrible maladie d'entrailles, il succomba à Bâle dans la nuit du 11 au 12 juillet 1536. Nous avouons que ce fut avec un vif serrement de cœur qu'en lisant le testament d'Erasme, qui porte la date du 12 février 1536, nous n'y avons trouvé aucun souvenir à l'adresse de Gilbert. Il lègue :

A Louis Bero, son horloge d'or ;

A Beat Rhenanus, son flacon d'argent ;

A Froben, deux anneaux ornés de pierres ;

A Nicolas Episcopi, une coupe ;

A Lambert, son domestique, celui-là même qui remplaça Gilbert Cousin, 200 florins d'or.

Il ne mentionne même pas son ex-secrétaire... pas une parole de suprême bienveillance en faveur du pauvre chanoine de Nozeroy...

Mais une joie nous a saisi aussi : ce fut de voir que Gilbert Cousin ne sembla même pas s'apercevoir de cet étrange oubli du noble vieillard agonisant ; qu'il ne se rappela que ses bienfaits envers lui, les trésors d'érudition qu'il avait puisés à son contact, et qu'il ne cessa, dans ses écrits, dans des épitaphes bien connues et dans des chants funèbres, de pleurer la mort de son « incomparable patron. »

Depuis la mort d'Erasme jusqu'à l'année 1558, Gilbert Cousin ne se dévoile à nous que par les nombreux ouvrages qu'il publia dans cet espace de temps, et qu'il signe toujours des noms de *Gilbertus Cognatus Nozerenus*, *Gilbertus Nucillanus*, ou *Gilbertus Nucerinus*, ces mots *Nucillanus* et *Nucerinus* indiquant sa patrie, Nozeroy, qu'on nommait autrefois *Nucillum* ou *Nuceria* à cause de la quantité immense de noisetiers qui couvraient son territoire. Il avait déjà essayé ses forces dans sa jeunesse en rimant deux comédies et une tragédie, et par des extraits d'Aulu-Gelle. Sous la savante direction de son précepteur, il avait composé, ainsi que nous l'avons déjà dit, un petit livre sur les *Devoirs des Domestiques* envers leurs maîtres, livre qui eut un grand succès et qui fut même traduit en français. Il avait livré à l'impression des *Opuscula* traitant de questions théologiques. Enfin, il avait improvisé sur le portrait d'Erasme une pièce de vers qui ne manque ni de grâce ni d'ampleur.

Maintenant, installé définitivement à Nozeroy, au milieu d'une bibliothèque d'auteurs choisis, ou à Sirod qui en est très-voisin, partageant son temps entre les devoirs de son canonicat et l'éducation de la jeunesse, il livra à l'impression une foule d'ouvrages sur presque toutes les connaissances humaines : histoire, géographie, philosophie, théologie, grammaire, poésie, jurisprudence, médecine, etc., de sorte que, dit un écrivain son contemporain, « cet homme illustre a » touché à presque toutes les parties de l'encyclopé- » die. Il donne, s'il est besoin, de bons conseils aux » malades; il aide de ses avis prudents ceux qui ont » des procès sur les bras; il console pieusement les

» consciences affligées ; il explique les mystères de
» l'Ecriture sainte. Il est enfin habile dans les trois
» Facultés : médecine, jurisprudence, théologie (1). »

Un autre enfant du comté de Bourgogne, Philibert
Poyssenot, auquel la littérature doit la première publication de l'*Histoire de Guillaume de Tyr* (Bâle,
1549, in-fol.), rend aussi, dans son épître dédicatoire, un juste hommage à notre écrivain : *Fide et
charitate exuberans*, dit-il, *cujus præclaræ lucubrationes, in lucem editæ, satis declarant quantæ sit doctrinæ.*

Aussi, l'Europe littéraire applaudit-elle aux travaux
du Franc-Comtois. Le nom de Gilbert Cousin, tout à
l'heure presque ignoré, vola de bouche en bouche, et
l'ex-domestique d'Erasme put établir un commerce
littéraire avec les hommes les plus estimés, non-seulement du comté de Bourgogne, mais encore de la France
et de l'Allemagne : Sébastien Munster ; les médecins
Alban Torin, Eustache, René Perrot, Théodore Swin-
ger ; Claude de La Baume, archevêque de Besançon ;
Henri Pierre, membre du Parlement de Dole ; Wes-
themerus, Jean-Angel Odon, Marie Cibo, Sébastien
Rosier, Pierre de Castellan, Etienne Tornond, Antoine
Lulle, Claude Jalon, Nathalis Hugo, le jurisconsulte
Erasme Boudier, Nicolas Montyreus, procureur de
l'archevêque de Besançon ; Pierre Richardot ; Antoine
Perrenot, évêque d'Arras ; Philibert de Rye, évêque
de Genève ; Mathieu Junius, président d'Orange ; Marc
de Rye, administrateur de l'abbaye de Saint-Claude ;

(1) Marc Hopper, in *Opera Luciani*, imprimé à Bâle en 1563, 8o avec les notes de Cousin.

Guy de Poligny, conseiller du roi; l'illustre Conrad Gesner, etc., etc.

Ce dernier, en publiant sa *Bibliothèque*, en 1545, écrivit à l'adresse de notre Gilbert cet éloge si bien senti :

« Gilbert Cousin a bien mérité et mérite encore
« tous les jours des Belles-Lettres, car il a préservé
« des injures du temps de bons auteurs qu'il a livrés
« à l'impression. Le premier parmi les Bourguignons,
« il a osé émettre quelque chose à la lumière. »

Mais ces satisfactions, nées de l'approbation publique, ne furent pas sans nuages.

Gilbert eut une grande douleur en 1546. Il perdit à Sirod, le 17 juin, un de ses plus chers élèves, Guillaume de la Baume, qu'une chute sur la tête enleva, à l'âge de douze ans, à la tendresse de ses parents, à l'affection de son précepteur. Sigismond Gelenius, dans une pièce de vers intitulée *Consolatiuncula*, a cherché, mais en vain, à distraire son ami de cette profonde affliction.

Le 14 mars 1548, un nouveau malheur atteignit le chanoine de Nozeroy. Son père, Claude Cousin, mourut à l'âge de 70 ans.

Mais ces coups du sort, Gilbert les eut supportés avec courage, s'il n'eut été en butte dans son propre pays, dans ce beau Comté de Bourgogne, qu'il aimait tant, à d'abominables jalousies, à de sourdes menées, qui ne tendaient à rien moins qu'à le jeter dans les serres de l'inquisition. Tous ses livres furent mis à l'index par le Concile de Trente réuni, comme on le sait, par des Lettres apostoliques du 24 mars 1554. Tous ses livres..... Je me trompe; un

seul fut excepté : Ses notes sur Lucien, à condition
pourtant qu'elles seraient encore *expurgées* (1). Telles
étaient les persécutions dont notre pauvre Gilbert
était à cette époque la victime, qu'il se décida à
écrire à Pierre Richardot la lettre suivante, où l'in-
dignation, l'angoisse, la douleur, sont en quelque
sorte toutes vivantes :

GILBERT COUSIN, ECCLÉSIASTE DE NOZEROY, A PIERRE RICHARDOT.

..... *Il y a certains misérables qui me sont plus
qu'hostiles, qui cherchent par des menées ténébreuses à
imprimer sur mon front le sceau de l'infamie; et il
ne manque pas de gens qui se laissent tromper par leur
démence. Jusqu'ici j'ai résisté, soutenu en partie par
l'équité des gens de bien, laquelle je l'espère ne me man-
quera pas dans l'avenir, et en partie par la bonté du
Seigneur auquel j'ai l'habitude d'adresser cette fer-
vente prière :*

« Seigneur, j'espère en toi; je ne te demande que justice;
« hâte-toi de me délivrer, moi innocent, du réseau qui
« m'enlace. Je me mets sous ta bienheureuse garde, et,
« plein de confiance, je me dirai que je n'ai rien à craindre
« puisque tu seras avec moi. Aye pitié de moi, Seigneur,
« car le péril est imminent; délivre-moi de la main des
« ennemis et de ceux qui me persécutent. Ils ont mis l'épée
« à la main, les impies, pour renverser un innocent privé
« de tout secours humain, pour tuer ceux qui mènent une

(1) Index librorum prohibitorum cum regalis confectus per Patres à
Tridentina synodo dilectos, auctoritate sanctiss. D. Pii IV, etc. Antuerpiæ;
1572; 12o p. 27.

« vie juste. Ferme la bouche de ceux qui parlent de moi
« avec calomnie et fourberie. Au nom de ta justice, Sei-
« gneur, prends ma cause en main ; venge-moi et plaide
« contre ceux qui me combattent. Prends le bouclier ; sai-
« sis l'épée, et frappe. Soient confondus tous ceux qui s'é-
« tudient à me perdre. Soient mis en fuite et regardés
« comme infâmes ceux qui me font du mal. Ils s'efforcent
« de faire lever contre moi des témoins iniques, qui me
« repoussent pour des faits que j'ignore et rendent le mal
« pour le bien. Ils ne cessent enfin d'aiguiser leurs dents.
« Seigneur, je t'en supplie, délivre-moi de ces sycophantes ;
« je te rendrai mille grâces, et, chantant tes louanges dans
« les églises et en tous lieux, je dirai : — Seigneur, qui
« autre que Toi pourrait délivrer un innocent et protéger
« contre l'oppression le pauvre affligé et le nécessiteux ?
« Ceux qui connaissent mon innocence te loueront et ne
« cesseront de dire : soit béni le Seigneur qui vient au se-
« cours de son serviteur ! Quant à moi, je prêcherai ta jus-
« tice et chanterai tes louanges en tous temps. »

*Cette prière, je l'épanche dans le sein d'un homme
dont la bienveillance m'est depuis longtemps connue, et
auquel je souhaite toutes sortes de félicités. La personne qui vous donnera cette lettre, est Étienne Benoit,
pasteur très vigilant de l'église de Miéges, homme érudit et cher à ses brebis ; je vous le recommande. Quant
à moi, puisque la fortune m'est contraire sur le sol
natal, je songe à l'Italie. Adieu!*

Il partit, en effet, grâce à Claude de La Baume,
archevêque de Besançon, encore tout jeune homme
alors, et qui désirait aller là complèter son instruction.

Il quitta Nozeroy le 30 mars 1558, et, se dirigeant

par Pontarlier, Jougne, Orbe, Lauzanne, Vevey, Ville-
neuve, Chillon, Aigle, il atteignit le Valais, passa par
Martigny, côtoya le mont St-Bernard, visita Arone,
Milan, Brescia, Padoue, et était à Venise le 25 avril. Il
nous a laissé, sous le nom de *Topographia Italicarum
aliquot civitatum,* une relation fort intéressante de
ce voyage, dans laquelle il donne des détails extrêmement curieux sur Venise, Milan, Padoue, passant en
revue l'Université de cette dernière ville, *biographiant*
les hommes distingués en médecine, en philosophie,
en langue grecque, qui régnaient alors en maîtres en
Italie, causant de tout avec cet entrain charmant qu'il
a répandu dans sa description de la Franche-Comté.

Nous ne savons au juste le temps que dura ce
voyage. Il est certain que Gilbert était encore à Padoue
au mois de novembre 1558, et qu'il était à Nozeroy
en juin de l'année suivante, reprenant ses occupations
habituelles, continuant l'instruction de la jeunesse,
et trouvant encore, au milieu de cet incessant travail,
le temps d'enrichir la littérature des homélies d'Antonius Nebrissensis, savant espagnol du xve siècle, de
celles de St-Césaire, évêque d'Arles, de la grammaire
de Manuel Moschopolis, qui florissait à la fin du xive
siècle, des proverbes de Zénodote, de deux discours sur
la nativité et la mort de Jésus-Christ, de notes sur
Lucien, Sénèque, Ovide, Horace, Saint Augustin, etc.

Le calme était revenu dans l'âme du disciple
d'Erasme; car, à la date du 3 octobre 1561, il écrivait
ceci au célèbre jurisconsulte Pierre Loriot :

« La maladie m'a empêché de vous écrire plus tôt.
» Pendant que je passe mes nuits dans les études, les
» méditations et les contemplations, je consacre le

jour aux affaires urgentes. Je suis tellement occupé, que je ne désire rien, et que personne n'est
plus heureux que moi. Je n'ai pas lieu de me repentir des études auxquelles je me suis consacré.
Certes, le droit civil est une belle et digne science ;
mais j'ai été poussé plus volontiers vers la théologie et l'étude des autres arts, soit pour imiter mon
illustre précepteur Erasme, de Rotterdam, soit pour
jouir de la vraie manière de bien vivre... »

Béatitude trompeuse, qui devait s'émietter peu à
eu et être remplacée par les chagrins, la douleur,
es sombres cachots et une mort mystérieuse !

Soit que Nozeroy ne lui offrît plus un théâtre digne
e la réputation qu'il s'était acquise dans l'instruction
e la jeunesse, soit pour d'autres motifs que nous
gnorons, Gilbert Cousin abandonna son cher *Nucil-
um* et alla s'établir à Besançon. Nous ne pouvons dire
n quelle année il prit cette résolution, mais ce fut
près 1564, car le 7 juillet de la même année, nous
e voyons, dans un Cartulaire original de St-Antoine
le Nozeroy, que nous possédons, assister avec les cha-
1oines ses collègues, Jean Masson, Louis Roy et Jean
Courvoisier, à l'accensement de certaines terres au
profit d'Antoine Bugnet, tanneur, demeurant audit
Nozeroy.

Mais auparavant, cet infatigable travailleur fit un
choix des nombreuses productions dont il avait enrichi la littérature, et les réunit sous ce titre : *Opera multifarii argumenti, lectu et jucunda et omnis generis
professoribus, veluti grammaticis, oratoribus, poetis,
philosophis, medicis, jureconsultis, ipsisque theologis,
apprime utilia.* Bâle, 1552, Oporin ; 3 vol. in-fol., or-

/56

dinairement réunis par la reliure, quoique chaque tome ait une pagination distincte, et enrichis du portrait, de l'emblème de l'auteur et de sept vues : Nozeroy, La Rivière, Pontarlier, Dole, Poligny, Bletterans et Salins.

Enfin, dans un but de vulgarisation, il traduisit lui-même en français les ouvrages suivants qu'il avait composés en latin :

L'Office d'un serviteur.

L'Economie d'Aristote.

Les louanges de Concorde.

Deux oraisons sur la nativité et la mort de Jésus-Christ.

Le Censeur des mœurs.

La Déclamation contre la rhétorique.

Aller s'établir à Besançon, siège de l'archevêché, y ouvrir école et professer là des opinions subversives de l'autorité papale, c'était courir à sa perte.

En ce temps-là régnait en souverain, sur les Pays-Bas et en Espagne, Philippe II, fils de Charles-Quint. Ce « démon du Midi, » comme on l'a si justement nommé, fou de religion, mais inintelligent chrétien, fléau de l'humanité, plaçant dans ses croyances le Vatican plus haut que le Calvaire, ordonnateur des auto-da-fé, escorté de ses abominables inquisiteurs, Valdès, D. Diègue Espinosa, D. Pedre Ponce de Léon, Gaspard de Quiroya, assistant lui-même au supplice de ses victimes, n'ayant enfin rien d'humain dans le cœur; ce roi, disons-nous, portait dans son vaste empire la désolation et la ruine. En qualité de comte de Bourgogne, ce monstre couronné avait voulu établir l'inquisition en Franche-Comté; mais les Etats de cette

province avaient eu le courage de lui faire des re-
montrances à ce sujet, et avaient obtenu que ce tribunal de sang ne pourrait prononcer une prise de
corps sans l'avis des juges civils. Ils se rappelaient
sans doute cette lettre remarquable, envoyée le 10
août 1540 par les membres du Conseil de Berne aux
gouverneurs de Besançon, à l'occasion de l'emprison-
nement, pour cause de religion, de Jean Lambelin et
autres :

« Nobles, magnificques, prudents, singuliers amys,
» et très-chers voisins. L'amour bonne, ancienne
» amytié, et féalle voisynance, que nous nous avons
» tousjours portés, et encore portons, nous donne oc-
» casion et hardiesse de vous faire très-affectueuse re-
» monstrance de ce qu'avons entendu qu'en votre ville
» soit quelque trouble, esmotion et fascherie, à cause
» de la religion chrestienne. En tant que ces jours
» passés, vous avez mis en prison aucuns des plus ap-
» parens, et que estes près de faire plus grosse pour-
» suitte et pourchats, pour emprisonner plusieurs au-
» tres, et les mal traitté à cause de cela. Chose certes
» de laquelle avons grosse doléance, et non sans cause
» très-grand regret, veu et entendu qu'ès autres fran-
» ches villes de l'Empire, l'on ne procéda si rigoureu-
» sement comme vous avez fait, et de présent délibérez
» de faire. Comme entendons par quoy pouvons facile-
» ment entendre de quelle estimation nous sommes à
» ceste cause et contemplation des plaisirs gratuits et
» services que nous avons faits, et à l'avenir sommes
» prest de faire, vous supplions et admonestons le cas
» vouloir bien considérer, et bien aviser la cause et
» conséquence, et par ainsi, la persécution présente

» modérer, en cest endroit vous conduire comme aux
» quatre villes impériales, ès quelles telles persécutions
» n'ont lieu. Assurés, comme nous croyons, que ce
» faisant ne ferez contre la volonté et benignité de la
» Cesarée Majesté, et à nous aussi, et à tous bons
» chrestiens, grand plaisir ; aydant Dieu, lequel prions
» pour donner prospérité sur ce. Donné a Berne, le
» 10e jour d'aoust 1540 (1). »

Mais, dans le Comté de Bourgogne comme en France,
la guerre entre les catholiques et les protestants n'en
continua pas moins ses violences, et Gilbert Cousin ne
pouvait échapper à cette levée de boucliers contre les
partisans de Luther. Plusieurs de ses écrits, une plai-
santerie qu'il s'était permise envers le clergé, devaient
le perdre. Parmi ses écrits, il en est un surtout, ses notes sur *Dialogos ex Charonte* de Pontanus, imprimées
en 1556, qui devait appeler sur sa tête les vengeances
de Rome. On en jugera par les extraits suivants :

SUPERSTITIOSULUS : *Novum diminutivum pro anili
superstitione imbuto, inepto, et irreligioso. Tales sunt
papicolæ.*

RELIGIONEM AUGEANT : *Superstitionem, falsum cultum, superfluum, ineptum, muliebrem. Talis est pa-
picolarum religio, qui rebus inanibus addicti dant
volunt videri christiani, deliri fiunt, et ita impii atque idolatræ.*

A NOBIS CULTUS : *Gentibus qui Judeorum successores,
et posteri in Evangelii gratia sumus.*

(1) Cette lettre, qui est peut-être inédite, est extraite d'une histoire de
Besançon, sans nom d'auteur, et conservée à la bibliothèque impériale
de Paris, département des mss. C'est un vol. in-4° de 98 feuillets. Il se
termine à l'année 1613. La lettre précédente y occupe le fol. 57, v°.

VENTRI SOLI STUDUERIM : *Episcopi papistæ non intelligunt quid sit aut ubi sit summum bonum præter illud, quod cibo, aut potione, aut aurium delectatione, et obscena voluptate capiuntur. Illi, enim, in abdominis voluptate et gutturis illud ponunt.*

Il en fallait bien moins assurément pour être brûlé vif au XVIe siècle.

La catastrophe éclata le 8 juillet 1567, par un bref du pape Pie V, adressé au Parlement de Dole, et dont voici la traduction :

« Mes chers fils, salut et bénédiction apostoliques.
» Nous avons appris avec peine et grand chagrin que
» dans la ville de Besançon vivait un certain nourris-
» son de Satan et de l'iniquité, Gilbert Cousin, de No-
» zeroy, dont les livres ont été mis à l'Index parmi les
» livres prohibés considérés comme tels par le sacré
» synode de Trente, désapprouvés et condamnés dans
» l'Assemblée tenue par nos chers fils les Cardinaux
» inquisiteurs, lequel, cependant, nous dit-on, tient
» école dans cette ville, et se consacre à l'éducation
» et à l'instruction des enfants. En vérité, nul ne voit
» le danger, nul ne sait toutes les conséquences mal-
» heureuses et pernicieuses que peuvent produire les
» opinions perverses et hérétiques de cet homme perdu
» à tout jamais. Vous le comprendrez aisément, vous,
» dans votre prévoyance pour tout ce qui regarde le
» culte de la religion. C'est pourquoi, en vertu des
» fonctions pastorales qui nous sont confiées, Nous
» devons vous exhorter paternellement, et vous enga-
» ger au nom du Seigneur, à mettre en œuvre toute
» votre diligence pour vous saisir aussitôt du dit Gil-
» bert, pour le jeter dans les fers, et instruire son pro-

» cès, selon la forme de ces sortes de constitutions
» appelées *placarts*. Ce faisant, non seulement, vous
» rendrez un témoignage à votre justice, à votre piété
» et à vos attributs, mais encore vous serez agréable à
» votre Roi lui-même, dont l'admirable foi catholique,
» l'ardeur à la défendre sont connus de tous, ainsi
» qu'à Nous, qui veillons sans cesse à extirper l'héré-
» sie, ce poison, cette peste qui repullule sans cesse.
   » Donné à Rome, à Saint-Pierre, le 8 juillet 1567. »
   Et au dos :
   « A nos chers fils le Président et les Conseillers du
» Parlement, pour notre très-cher fils en Jésus-Christ,
» le roi catholique des Espagnes, siégeant à Dole (1). »

(1) Dilecti filii, salutem et apostolicam benedictionem. Graviter , sanè
molestèque accepimus in civitate Bisuntinâ commorari quendam Sathanæ
atque iniquitatis alumnum, Gilbertum Gognatum Nozerenum, cujus opera
in Indice librorum prohibitorum adscripta, et à sacrosanctâ synodo Tridentina etiam prohibita, postremòque in congregatione dilectorum filiorum
nostrorum S. R. E. Cardinalium Inquisitorum generalium visa, improba-
taque, ac damnata fuerunt, quem ibi ludimagistrum ad pueros educen-
dos, instruendisque publicè agere dicunt. Quod quidem quàm periculo-
sum sit, quantumque mali ac detrimenti perversi et heretici hujus per-
diti hominis opiniones afferre possint, nemo non videt; vos que ipsi pro
vestrâ singulari providentiâ catholicæ que religionis cultu, facilè intelli-
gitis. Quamobrem, nostri pastoralis officii esse duximus devotiones ves-
tras statim paternè nonere atque plurimùm hortari in Domino, ut omnem
curam diligentiamque vestram adhibeatis, ut ipse Gilbertus confestim
comprehendatur, et in vincula conjiciatur, ac juxta formam constitutio-
num istarum partium, quas placartos vulgò appellant, contra eum pro-
cedatur. Quod etsi justitiæ debitum pietatique vestræ ac muneri quod illic
geritis maximè consonum erit, quoque ipsi Regi vestro, cujus admirabi-
lem et nunquam satis laudatum ergà fidem catholicam animi ardorem atque studium vobis planè cognitum esse scimus, et Nobis, qui ad extir-
pendas hœreses pestiferumque hoc venenum undique repellendum semper
invigilamus, mirificè gratum. Quæ autem hâc in re à vobis acta fuerint
nos facietis sedulo certiores. Datum Romæ, apud sanctum Petrum, sub
annulo piscatoris, die VIII° Julii, MDLXVII. Pontificatûs nostri anno secundo.
   (Et. Baluze; *Miscellanorum liber septimus*, Paris 1716, in-4°, p. 165.)

Jusqu'ici, nous avons suivi Gilbert Cousin à peu près pas à pas dans toutes les phases de son existence si bien remplie. A cette année 1567, nous sommes comme fatalement arrêtés, malgré les nombreuses et persévérantes recherchès auxquelles nous nous sommes livré, et malgré le bienveillant concours d'esprits éclairés qui nous ont prêté leur savant appui.

Quel a été le résultat de ce fameux bref du pape Pie V contre notre malheureux Franc-Comtois? Où, comment et en quelle année a-t-il fini ses jours?

Autant de questions qu'il est impossible d'élucider preuves en main.

Devant ce document émané de la Cour de Rome, on se sent tout d'abord frissonner d'angoisses en songeant que peut-être le noble travailleur, l'illustre auteur de la *Description du Comté de Bourgogne*, a comme tant d'autres fini sa laborieuse tâche sur les bûchers de l'inquisition..... Rassurons-nous. Telle n'a pas été la fin de Gilbert Cousin.

Tous les biographes, sans excepter Jacques le Long, qui écrivait en 1723 (1), et le Père Niceron, en 1727 (2), le font mourir dans les prisons en cette même année 1567, et alors qu'on instruisait son procès. M. Charles Weiss (3) est le seul, peut-être, qui éloigne l'époque de sa mort jusqu'à l'année 1572.

Il y a une autorité moderne que nous n'avons pas manqué d'interroger : Nous voulons parler de M. Auguste Castan, archiviste et bibliothécaire de la ville de Besançon. Voici ce que ce savant écrivait il y a

---

(1) *Bibliotheca sacra* ; Paris, 1723; in-fol.; p. 682.
(2) **Mémoires**, etc., t. xxiv ; p. 45-68.
(3) **Dict. hist.** de Feller, Paris, 1848.

quelques mois, au sujet de Gilbert Cousin, à notre
excellent ami M. Junca, qui tient sous sa direction les
Archives du Jura :

« Je ne connais rien, dans ce que j'ai sous la main,
« qui puisse jeter un jour quelconque sur les der-
« nières années de Gilbert Cousin. Les registres de
« l'Officialité ne sont pas parvenus aux Archives du
« Doubs. On n'y trouve pas traces des papiers de cette
« procédure. C'est dans les prisons de l'Officialité, et
« non dans celles de l'Inquisition, qu'est mort Gilbert
« Cousin. La tradition dit qu'il a été inhumé en terre
« sainte, dans le cimetière de Jusan-Moutier, l'une des
« paroisses de la ville, qui confinait à notre porte de
« Notre Dame actuelle..... »

Et c'est tout!

Un jour viendra, peut-être, où un plus heureux que
nous pourra consulter des registres du Parlement de
Dole se rapportant à cette époque. Il n'est pas douteux, d'après le bref même du Pape et par d'autres circonstances qu'il serait trop long d'énumérer ici, que
le procès intenté à Gilbert Cousin a été porté devant
cette magistrature, et que c'est là qu'il faudra en aller
chercher les élémens.

En attendant, que le lecteur fasse comme nous :
qu'il se laisse abandonner à la consolante pensée que
l'illustre chanoine de Nozeroy, qui comptait encore
des parents et des amis au parlement de Dole, et qui,
neuf ans auparavant, avait guidé avec une touchante
sollicitude l'archevêque de Besançon dans un voyage
en Italie, a trouvé des âmes compatissant à son in-
fortune, et que sa main a pu à la dernière heure presser
une main amie.

Quelques mots maintenant sur la *Description de la Franche-Comté*, dont nous offrons aujourd'hui la traduction au public, et qui, selon le Père Niceron, excellent juge en pareille matière, est un des ouvrages les plus curieux et les plus intéressants de G. Cousin, celui où l'on trouve des particularités et des dates qu'on chercherait inutilement ailleurs.

Ce n'est pas une mince faveur pour une province d'avoir eu un historien d'un talent aussi remarquable, et écrivant précisément dans ce beau milieu du xvie siècle. Peu de pays peuvent revendiquer un tel honneur. Gilbert Cousin n'a pas eu, il est vrai, dans cet opuscule, la prétention d'écrire une histoire complète de la Franche-Comté. Il avait formé ce beau projet; il avait amassé pour cela une foule de matériaux, et il nous a laissé un magnifique programme que la mort l'a empêché de réaliser. Mais tel qu'il est, avec sa forme épistolaire, ce petit livre n'en est pas moins un chef-d'œuvre de grâce, de détails pleins d'intérêt, et de renseignements historiques.

La lettre est adressée à Hugues Babet, de Saint-Hippolyte, son intime ami, et auteur lui-même d'une églogue sur la mort d'un enfant et d'une généalogie des comtes de Nassau.

Cet ouvrage est devenu d'une rareté désespérante. C'est à peine si de temps en temps, on trouve à se le procurer à des prix exorbitants.

Nous avons aussi une remarque à faire : c'est que les deux seules éditions que nous connaissions de la *Description du comté de Bourgogne* sont loin de se ressembler. La seconde, celle qui fait partie des *Opera* de Gilbert Cousin, publiés en 1562, est certainement le résultat d'un remaniement, d'une correction et d'une augmentation de l'édition primitive, qui date de l'année 1552. On y trouve des paragraphes entiers qui ne se rencontrent pas dans cette dernière. Nous l'avons, bien entendu, choisie pour notre traduction.

Quant à cette traduction, nous l'avons faite aussi littéralement que possible, et nous avons été sobre de notes, les annales de la Franche-Comté étant aujourd'hui riches en documents historiques de toutes sortes. Le lecteur, qui aura le texte latin devant les yeux, pourra juger si nous avons réussi.

Dr A. CHEREAU.

CATALOGUE

PAR ORDRE CHRONOLOGIQUE

DES OUVRAGES DE GILBERT COUSIN (a).

———o—✦—o———

I.—*Deux comédies et une tragédie en vers.*
Indiquées dans la Bibliothèque de Gesner, continuée par Simler.

* II.—*Gellianarum Noctium faculæ.*
Ce sont des passages tirés d'Aulu-Gelle, colligés par Gilbert Cousin dans sa jeunesse.

* III.—*De officio famulorum.*
Dédicace (Fribourg, 15 mai 1535) à Louis de Vers, abbé du Mont-Sainte-Marie et de la Charité.
Bâle, 1535; 8°, Chrestien Weschel. — Lyon, 1539, 8°, Seb. Gryphius. — Trad. en angl., Londres, 1543, 8°. — Claude Joly a traduit en français cet ouvrage qu'il a mis à la suite de sa version de François Barbaro, sur l'*Etat du mariage*; Paris, 1667, 12°. Le traité de Cousin y occupe les pages 327 à 350.

IV—*Opuscula quædam*, 1535, 8° (Bibl. publ. de Bâle).
Ces opuscules roulent sur des questions théologiques.

* V. *De Imitatione sententia, ad J. Metellum.*
Lyon, Seb. Gryphius, 1539. — Bâle, Jerom. Frobenius, 1536. — Lutetiæ, Wechel, 1540. — Bâle, Winter, 1540, cum epistolis Angeli Odon, etc.—Bâle, J. Oporin, 1547.— Lyon, 1548, in-16.
Ce n'est qu'un discours de deux pages.

VI. — *Epistolarum laconicarum atque selectarum Faragines duæ.*

(a) Nous marquons d'un astérisque tous ceux de ces ouvrages qui ont été imprimés dans les *Opera multifarii argumenti*, etc. Bâle, 1562; 3 vol. in-fo, réunis.

Bâle, 1536. —Ibid., 1545, 16°. — Ibid., 1554, 16° et 12°. — L'épître dédicatoire est datée de juin 1536.

Ce sont évidemment des modèles de style épistolaire que Cousin avait réunis pour l'instruction de ses élèves. Dans l'édition de Bâle, 1554, 2 vol. in-16, réunis, que nous avons vue, il y a cent onze lettres de Cousin lui-même, mais très-courtes et sans grand intérêt.

*VII. — *OEconomica, vel de familiari administratione, libellus, è Græce Aristotele desumptus.*

Dédicace (Nozeroy) au jurisconsulte Erasme Boudier, avocat général à Dole.

Lyon, Seb. Gryphius, 1539, 8°. Traduit en français par l'auteur; Lyon, 1561, 8°.

VIII. — *Ad Richardotum epistolæ.*

Elles ont été publiées dans un livre intitulé : **D. J.-C.** *sacerdotio Narratiuncula*, 1541, 8°.

* IX. — *Syntaxeos tabulæ et prosodiæ.*

Cousin a composé ces tableaux pour ses élèves, et particulièrement pour Louis et Jérôme Collin, fils de Henri Collin, conseiller de Charles-Quint, en Bourgogne. A la fin, on trouve : *Comediarum OEconomia*, et *Prosodiæ Tabulæ*.

Gesner cite une édition de 8 feuillets 1/2, imprimée à Bâle par Wuinter.

Simler, à son tour, indique : Orthographiæ, Etymologiæ, Syntaxes, et Prosodiæ latinæ Tabulæ; Bâle, R. Wuinter, 1542.

C'est probablement le même livre que celui dont parle Gesner.

X. — *De Cœtu publico et ecclasiasticis ceremoniis, sive Christianorum OEconomica.*

Simler cite une édition de Bâle; Wuinter, 1543.

* XI. — *Timetes, seu Censoria Virgula. Libellus quo quorundam hominum mores notantur.*

Dédicace (Nozeroy, 1er septembre 1559) à Mathieu Junius,

président d'Orange, bailli en Bourgogne pour le prince Guillaume de Nassau.

Bâle, Wuinter, 1543-1560, 8°. — Traduit en français par l'auteur; Lyon, 1561, 8°.

XII. — *Explicatio orationis dominicæ, cum aliis precibus.*

Bâle, 1543, 8°.

(Bibl. publ. de Bâle.)

* XIII. — *Apologeticus pro Erasmicá Exomologesi.*

Bâle, Wuinter, 1543. — Ib., J. Parcus, 1556, in-16.

Dans cet ouvrage, Cousin émet l'opinion que la confession n'a été instituée que par l'Eglise qui peut aussi l'abolir pour de justes raisons. Il soutient encore que l'absolution du prêtre n'est que déclaratoire.

* XIV. — *Observationes allegoricæ in S. S. Litteras ex Origene.*

Bâle, Wuinter, 1543, 8°; imprimé avec l'ouvrage de Georges Trapezuntius, secrétaire apostolique qui vivait à Rome en 1435, et qui porte ce titre : Opusculum in locum illum Evangelii : si volo eum manere, etc.

XV. — *Pugna porcorum, per Publium Porcium.*

Ce pitoyable poème, dont tous les vers, au nombre de 253, commencent par la lettre P, est d'un jacobin flamand, nommé Jean-Léon Placentius, mort vers 1548. Gilbert Cousin crut devoir réimprimer cette espèce de tour de force poétique, et le faire précéder d'une préface dont tous les mots commencent aussi par un P.

XVI. — *Epistola de legalis studii ratione.*

Bâle, Oporin, 1543, 12°, avec *Antonii Garronis Commentarius in titulum digestorum de origine juris.*

Dans son épître dédicatoire, Gilbert nous apprend que ces commentaires de Garron ont été « dernièrement retrouvés en Italie, » et qu'il les a décrits « ex autographo non sine magno tempore. »

* XVII. — *Commentationes in Virginis, Zachariæ, et Si-meonis Cantica.*

Bâle, Wuinter, 1543, 16°.

Le Long (Bibl. sacra, p. 682) cite un autre titre et une autre édition : *Interpretatio et homiliæ locorum in Canticum Zachariæ, Virginis, et Simeonis;* Bâle, J. Wuinter, 1556, 8° et 16°, avec les numéros XV et XVI.

* XVIII. — *De Penitentiá et immensá Dei gratiá erga nos benegnitate, Parœmesis.*

Bâle, Wuinter, 1543, 16°.

XIX. — *Arnobii Afri in aliquot evangelistarum locos An-notatiunculu.*

Bâle, 1543, 8°.

Imprimé aussi avec le n° XIV.

* XX. — *Parœmiarum sylloge, quas Erasmus in suas Chi-liadas, non retulit.*

Bâle, Wuinter, 1543.

Imprimé avec les Adages d'Erasme; Paris, 1579, in-fol. — Francfort, 1599, in-folio. — Genève, 1606, in-fol. – Im-primé encore avec l'*Epitome Adagiorum*, 1593, 8°.

C'est une explication dans le genre d'Erasme, de 530 ada-ges ou proverbes, tant grecs que latins. Cousin a dédié cet ouvrage à Claude Jalon.

* XXI. — *Formula honestæ vitæ, sive de quatuor virtuti-bus Consarcinatio Martini episcopi Dumiensis.*

Bâle, 1543. —Ibid., 1545, 8°.

Gilbert Cousin a fait précéder d'une préface cette œuvre de St-Martin-de-Dumes.

XXII. — *Libellus precum, cum tribus Psalmis lyricá pa-raphrasi tractatus. Primus est de piorum beatitudine, ac im-piorum infelicitate. Secundus et tertius de Christi passione et resurrectione.*

Bâle, Wuinter, 1543.

XXIII. — *Poemata aliquot insignia illustrium poetarum recentiarum, hactenus à nullis fermè cognita aut visa.*

Bâle, 1544, 12°. Ibid., 1557, 12°.

(Barbier, Dict. des anonymes.)

*XXIV. — *Ex Ciceronis libro primo de Oratore Collectanea, cum Scholiis.*

Bâle, 1544. — Dédicace (Nozeroy, 7 mars) à Nicolas Fauchiüs.

*XXV. —· *Partium oratoriæ facultatis distributiones, absoluta totius Rhetoricæ methodus ex Cicerone, Quintiliano, et aliis collecta.*

Bâle, 1544, 8°. — Dédicace à Natalis Hugo.

Ce sont des tables tirées principalement du second livre de l'Orateur de Cicéron.

*XXVI. — *Utrum ex his quæ tropicè et figuratè dicuntur in divinâ Scripturâ possit aliquid efficaciter probari, Responsio.*

Bâle, 15.., 8°.

Gesner cite cet ouvrage avec un titre un peu différent. Il le dit composé de trois feuillets 8°, et avoir été imprimé à Bâle chez Rob. Wuinter.

*XXVII. *Precationum liber.*

Bâle, 1545, 16°.

Cousin a composé ce livre pour son filleul Regulus, arraché à une mort certaine par un habile chirurgien.

Ce sont des prières pour toutes sortes d'occasions. Il n'y est pas fait mention de l'intercession des saints. L'auteur a retranché des prières ordinaires de l'Eglise, qu'il rapporte, tout ce qui pouvait y avoir rapport. Il fait parler ainsi un pénitent à son confesseur : *Oratum te velim ut meam confessionem placidè audias, et mihi absolutionem remissionemque peccatorum ex verbo Dei adnuncies.*

*XXVIII. — *Calendarium.*

On y voit les fêtes des anciens Romains, celles des Juifs et les principales des Chrétiens.

*XXIX. — *Præludium ad D. Pauli apostoli Romanis scri-*

*ptam epistolam, et argumenta et annotationes in eandem epis-
tolam carmine expressam, per Ægidium Delphium.*

Bâle, 8°, sans date. — Dédicace (Nozeroy, janvier 1556)
à Jean Rodolphe, abbé de Morbay. — Bâle, Jean Oporin,
1555, 8°.

L'on sait que des quatorze épîtres de saint-Paul, la plus
célèbre est celle qu'il écrivit de Corinthe aux Romains,
l'an 58. On sait encore que Gilles de Delft, professeur de
Sorbonne vers le commencement du XVIᵉ siècle, a versifié
cette fameuse épître, et qu'il a dédié son œuvre à Etienne
Poncher, évêque de Paris en 1503.

Cousin a publié :

1° Un essai ou *Prœludium* sur l'épître de saint Paul, dans
lequel il entre dans de longs commentaires sur le nom de
saint Paul, sur sa religion, sa doctrine, son éloquence, et
toutes les autres divines qualités dont il était doué.

2° Le poème tout entier de Gilles de Delft, divisé en seize
chapitres, et qui ne contient pas moins de 982 vers.

3° Des notes sur ce poème.

4° Un sommaire en 64 vers de cette même épître de saint
Paul aux Romains, et qui est de la façon de Cousin.

5° Enfin, des louanges, pareillement en vers, adressées à
saint Paul par divers personnages : Martin Boler, Gilles de
Delft, Alard d'Amsterdam, Georges Fabricius, Antoine Syl-
violus.

XXX. — *Apparitio Joannis Francisci Assisiani.*
Indiqué par Simler comme ayant été imprimé à Bâle ;
Wuinter, 1545 ; et ibid, J. Parcus, 1547 et 1555.

XXXI. — *Ecmundani Confessio.*
Imprimé, selon Simler, à Bâle, 1545, 1547 et 1555.

XXXII. — *Tragœdia afflicti hominis, latinè et gallicè.*
(Simler.)

XXXIII. — *Comœdiæ duœ, una Veritatis et Justitiœ sup-
pressœ; altera, Patientis hominis.* (Simler.)

XXXIV. — *Collectanea adversùs Ciceronianos.*
Bâle, 1545, 8° ; ibid., 1547 et 1557.

*XXXV. — *De Tropis Scripturæ sacræ Liber.*
Dédié à Etienne Tornond.
Bâle, 1545; 16°.

* XXXVI. — *Consolatoriæ orationes Gilberti Cognati, et amicorum, ad clarissimum virum D. Henricum Collinum, Cæsari in Burgundiâ à Consiliis, in morte matris.*

L'édition princeps de cet ouvrage, que j'ai vue, porte un titre un peu différent : *Consolatoria D. Gilberti Cognati Nozereni, et ejusdem Argumenti varia quædam, nunc primum impressa*; Bâle, Jacobus Parcus, 8°, malheureusement sans date.

Quoi qu'il en soit, Simler cite une édition de Bâle, 1547, chez J. Parcus. C'est probablement cette dernière.

La dédicace à Louis et Jérôme Collin est fort longue et entrecoupée de vers. Elle est suivie de cinq lettres de Cousin sur des sujets semblables, et adressées à Pierre Grappæus, Joachim Mynsinger Dentatus, Jean Oporin, Jean Hérold.

Puis, viennent :

Une élégie de Hugues Babet sur la mort de Guillaume de la Baume;

Un *Consolatiuncula*, de Sigismond Gelenius, sur le même sujet;

Un autre poème analogue, de Robert Britanni.

* XXXVII. — *Poematiorum Libri IV.*
Bâle, Oporin, 1546.

1er Liv. — Ne renferme que des éloges à l'adresse d'Erasme, et quelques poèmes que Cousin avait composés dans sa jeunesse.

2e Livre. — Ode à Jean Métel; Exhortation à ses élèves; Une églogue *De Laudibus horti*, ou Dialogue entre Daphnis et Dacmon ; *Pastoritia fistula*; *De Sole et Aquilone*; Une églogue : *Melibœus et Tityrus*; *Locus exercendi ingenii*, pièce écrite du temps que Gilbert était chez Ulric Zase, etc., etc.

3ᵉ Liv. — Ode à Jean de la Baume, élève de Cousin ; Epithalame sur le mariage de François Rathœus et de Louise Bénédicte, etc., etc. (Ce troisième livre fut imprimé séparément, en 1557, par Henri Pierre.)

4ᵉ Liv. — Ce ne sont que des éloges adressés à Cousin par divers personnages : Gaspard Bruchius, Michel Polet, Jean Oporin, Laurent Privée, Guillaume Montbosius, Marc Mercator, Jean Morel, etc.

XXXVIII.— *Ex vulgari linguâ rustica gentis expostulatio cum utriusque status proceribus.*
Cité par Simler ; Bâle, Parcus, 1547.

XXXIX. — *De sylvâ narrationum furculi ac fructices aliquot in specimen prolati. Adjecta sunt argumenti et quædam alia lectu perquàm jucunda.*
Bâle, 1547, 16°. — Lugduni, Jean Frellon, 1548, 16°. — Genève, 1552, 16°. — Venise, Cam. Junius, 1558. — Bâle, 1567, 8°, avec un autre titre.

Dans ce volume, on trouve :

(*a*). Onze Fables, en prose, dont voici les titres : 1° De famelico Lupo, Vulpe et Simiis ; 2° De Coccyce et Philomelà ; 3° De Philomelà et Lupo ; 4° De Vulpe et Pardali ; 5° De Cicadarum concentu et formicarum politià ; 6° De Bove et Camelo ; 7° De Coccyce et Aviculis ; 8° De Caprâ ; 9° De Vespertilione mergo et rubro ; 10° De Piscatore ; 11° De Cornice.

(*b*). De corporis humani membris adversus ventrem conspirantibus apologus Menenii Agrippæ.

(*c*) Commenta poetica.

(*d*) Fabula de dipsadis exuvio et siti deque Prometheo et Pandora, ex græco versa.

(*e*) Liber Tragicarum narrationum. Entre autres une description de l'éruption de l'Etna en 1536.

On sait que Lafontaine a emprunté à Gilbert Cousin le sujet de la fable du *Tribut envoyé par les animaux à Alexandre.*

Pour donner une idée de la manière de notre Gilbert, nous prenons au hasard une de ses fables, et nous la traduisons :

LE BŒUF ET LE CHAMEAU.

Un bœuf, chargé de lourds paquets, se trouva tellement épuisé, qu'il pria un chameau, son compagnon de route, de venir à son aide s'il voulait lui sauver la vie, et de prendre sur son dos une partie de la charge. Le Chameau refusa :— « Eh bien, lui dit le bœuf, bientôt tu porteras toute la charge, et mon corps par-dessus le marché. » — C'est, en effet, ce qui arriva. Le bœuf ayant succombé à la peine, l'homme qui les conduisait mit sur le dos du chameau non-seulement tous les paquets, mais encore le bœuf mort. »—«Malheureux que je suis! s'écria alors le chameau. Tout à l'heure, je n'ai pas voulu prendre une portion du fardeau du bœuf, et me voilà maintenant forcé de tout porter, et mon compagnon de route lui-même. »

C'est ainsi que l'esprit, n'écoutant pas les prières du corps, et ne lui permettant aucune relâche dans ses fatigues, finit, sous les coups de la maladie, par être malade lui-même.

M. Buxtorf, second bibliothécaire à Bâle, nous indique, dans une bienveillante lettre, l'ouvrage suivant :

Narrationum Sylva, liber VIII; Lugd., 1548, 12°; 1552, 16°; Bâle, 1567, 8°.

Est-ce le même livre que notre numéro XXXIX?

XL. — *De preparatione judiciorum; collatio communum locorum, hoc est titulorum sive rubricorum, ut vocant, totius juris.*

Bâle, Parçus, 1548, d'après Simler.

XLI. — *Bucolicorum auctores XXXVIII, quotquot videlicet à Virgilii œtate ad nostra usque tempora nancisci licuit.*
Bâle, 1548, 8°.

XLII. — *Argumenta et annotationes in Psalterium univer-*

sum, elegiaco carmine redditum, per Joannem Spangembergium, Herdessianum.

Cyriaque Spangemberg florissait en 1548. Nous n'avons pas vu les notes de Cousin sur l'œuvre de ce savant homme, mais Simler les indique sous le titre précédent.

XLIII. — *Historia Reguli, in quâ istud tractatur : Nomina sœpius respondent rebus.*

Bâle, Oporin, 1552; Venise, 1558 (Simler).

ˊ XLIV. — *Vitœ aliquot Christianorum.*

Dédicace (Nozeroy, 5 janv. 1553) à Claude de la Baume, archevêque de Besançon.

Voici les noms des personnages biographiés : Jésus-Christ ; la Vierge Marie ; saint Matthias, apôtre ; saint Marc, évangéliste ; saint Luc, évangéliste ; saint Clément, pape ; saint Julien, philosophe et martyr ; saint Hermas ; Polycarpe, évêque de Smyrne ; saint Ignace ; saint Denis, l'aréopagite ; saint Irénée ; Philon, le juif ; Flavius Josèphe ; l'historien Hégésippe ; saint Clément d'Alexandrie ; saint Cyprien, évêque de Carthage ; Origène d'Alexandrie ; Septime-Florent Tertullien ; Arnobe l'ancien ; Lactance ; saint Nicolas, évêque de Myre ; saint Antoine, instituteur de la vie monastique ; saint Athanase d'Alexandrie ; saint Grégoire de Nazianze ; saint Basile-le-Grand ; saint Jean-Chrysostôme ; saint Grégoire de Nysse ; saint Grégoire le thaumaturge ; saint Epiphane, archevêque de Salamine ; Théodoret, évêque de Tyr ; Apollinaire ; saint Martin, évêque de Tours ; le poète grec Nonnus.

XLV. — *Brevis ac dilucida Superioris Burgundiæ, quæ comitatus nomine censetur, descriptio.*

Bâle, 1552, J. Oporin, 12º.

XLVI. — *Natale solum, Nazorethum, Burgundiæ Superioris oppidum, descriptum.*

Bâle, 1552, 8º.

(Bibl. publ. de Bâle.)

XLVII. — *Carmen de urbis Constantiæ origine.*
Bâle, 1552, 8°.
(Bibl. publ. de Bâle.)

* **XLVIII.** — *Oratio funebris in exequiis Margaritæ Austriæ.*

La mort de Marguerite d'Autriche, qui arriva à Bruxelles en 1530, excita de profonds regrets. Nicolas Grudius composa en son honneur un chant funèbre qui ne contient pas moins de 253 vers. Cousin, on le voit, paya le même tribut à la mémoire de cette femme célèbre.

* **XLIX.** — *Philiberti à Chalon, illustris Aurengiarum principis, rerum, gestarum Commentariolus, Domino Melguito auctore.*

Bâle, 8°, sans date.

Dominique Melguitius était un savant médecin espagnol qui avait suivi Philibert de Châlon dans ses expéditions. Auteur déjà d'un *Consilium contra pestem,* imprimé in-4°, sans date, cinq pages, et d'un traité des *Erreurs populaires,* qu'il avait composé à Rome, et qui n'a pas, que je sache, été imprimé, Melguitius écrivit les hauts faits de Philibert de Châlon, prince d'Orange, et dédia ce livre à René de Nassau. Gilbert Cousin eut le bonheur de mettre la main sur ce manuscrit, qu'il corrigea et qu'il fit imprimer, en l'enrichissant d'une dédicace à Guillaume de Poupet, d'une vie de Philibert de Châlon et d'un privilége accordé par Charles-Quint au royaume de Naples.

* **L.** — *Brevis admodum totius Galliæ descriptio, etc.*
Bâle, Oporin, 1552, 12°; Dédicace à Philippe Guierche, seigneur de Chenèvre.

Cette description de la Gaule est très-remarquable. Son importance est encore rehaussée par la nomenclature qui la suit, de 649 noms, latins et français, de villes, fleuves, etc. Ce dictionnaire est divisé en trois groupes : 1° Index Belgicus, 332 noms; 2° Index Celticus, 176 noms; 3° Index Aquitanicus, 141 noms.

* **LI.** — *Cronicon sultanorum et principum Turciæ, serie continua usque ad Soleymanum magnum.*

Bâle, 1552, 12°.

Cette chronique ne comprend que six pages.

LII. — *Commentaria in Galeni exhortationem ad bonasartes. De optimo dicendi genere. Et qualem oporteat esse medicum. Insignium medicinæ sententiarum collectanea.*

Lyon, Paul Miral, 1554.

C'est le seul ouvrage de médecine que nous connaissions de Cousin.

* **LIII.** — *De usu seu fine legis, et Evangelii ex Pauli sententia synopsis, hoc est brevis et compendiaria Contemplatio.*

Bâle, Wuinter, 1554, 16°.

LIV. — *Collectio veterum autorum Græcorum et Latinorum,* Bâle, J. Oporin, 1554, 16°.

* **LV.** — *Psalmorum* XIII et LXIII *luculenta et utilis christianæ reipublicæ explicatio.*

Bâle 1658, 8°.

Dédicace (Nozeroy, 1er janvier 1556) à Philibert de Rye, évêque de Genève.

LVI. — *Enarratiunculæ sive explanationes in aliquot Joannis Joviani Pontani dialogos ex Charonte.*

Imprimé dans les œuvres de Pontanus, données à Bâle en 1556 par Henri-Pierre; 4 vol. 8°. Les notes de Cousin sont à la fin du 4ᵉ volume et y occupent les pages 3627 à 3703. Dans aucun de ses ouvrages Cousin n'a montré autant de violence contre le Pape et les prêtres. (Voyez ce que nous en avons dit ci-dessus, p. XXXVIII.

* **LVII.** *Genealogia Comitum à Nasson.*

Bâle, 1552, 12°.

Cette généalogie remonte à Adolphe, comte de Nassau, mort en 1299, et se termine à l'illustre Guillaume de Nassau, fondateur de la république hollandaise, assassiné le 10 juillet 1584. Cousin annonce même (1562) qu'il a publié un petit livre contenant la vie et les actions mémorables de ce prince célèbre. Nous n'avons pu le retrouver indiqué nulle part.

* **LVIII.** — *Topographia Italicarum aliquot civitatum.*
Nous en avons parlé dans notre notice sur Cousin.

LIX. — *Epitaph., epigrammata, etc., in funere Ph. de Rye*; 1556, 8°.
(Bibl. publ. de Bâle.)

LX. — *Præmeditationum in aliquot scripturæ loca, Liber.*
Bâle, J. Wuinter, 1556, 8° et 16° (J. Lelong, Biblioth. sacra, p. 682).

LXI. — *Precepta Dei per Mosen data, Exod.* 20, *et Deuteron* 5. *Collatione sacrorum locorum, per G. Cognatum comparata.*
Bâle, J. Wuinter, 1556, 8° et 16° (J. Lelong, Bibl. sacra, p. 682).

LXII. — *Antonii Nebrissensis homiliæ tres.*
Bâle, 1558 et 1560 (Simler).

LXIII. — *Cesarii Arelatensis Episcopi homiliæ* XL, *a Gilb. Cognato Nozereno e tenebris in lucem revocatæ.*
Bâle, H. Pierre, 1558, 8°. — Ibid., 1559, 8°, et 1560. — Dédicace (juillet 1557) à Guy de Poligny, conseiller du roi.

Cousin est le premier, que nous croyons, qui ait mis au jour ces *Homélies* de saint Césaire, évêque d'Arles, lesquelles ont été imprimées plus tard, en 1679, dans le 5e volume des œuvres de saint Augustin, données au public par les Bénédictins.

LXIV. — *Sententia de divortio Henrici Octavi, Angliæ regis.*
Lyon, J. Bonhomme, 1559. — Dédicace à Ulric Zase.

LXV. — *De iis qui Romæ jus dicebant olim, deque eorum origine et potestate.*

Lyon, J. Bonhomme, 1559.

* **LXVI.** — *Orationes de Christi nativitate et morte.*

Traduit en français par l'auteur. Bâle, 1561, 8°. Simler cite le même ouvrage, mais augmenté, sous le titre suivant :

Orationes duæ de Christi nativitate et morte, latinè et gallicè; cum epistolis aliquot clarorum virorum ad eundem Gilbertum, videlicet : J.-B. Rasarius, Car. Sigonii, Pauli Minutii, Achillis Statii, M. A. Mureti, Ant. Hermanni, Pauli OEmilii, Dyon. Lambini, Theodori Zwingerii, Guil. Marii et J.-B. Benemati. Venise, Cam. Junius, 1559.

LXVII. — *Selectarum comprobatorum et dictionum rerum Commentarium.*

Lugd., B. Melin, 1560 (Simler).

* **LXVIII.** — *Annotationes in aliquot Augustini loca.*

Ce ne sont que de simples notes.

Il paraît que ces notes ont été imprimées avec un autre ouvrage de Cousin, car nous trouvons dans Simler :

Observationes et animadversiones in aliquot Augustini et Hieronymi loca, tum in Alberti Pii Carporum principis scriptum adversus Erasus.

...... Jean Crispin, 1560.

* **LXIX.** — *Intellectus.*

Dédicace à Pierre Mercier (Nozeroy, 5 sept. 1561).

Il y est traité de la différence de la Loi et de l'Eglise, des Gentils, des Juifs, de l'Esprit de la Chair.

* **LXX.** — *Basilii magni de Grammaticâ exercitatione, G. Cognato interprete Apollinarii interpretatio Psalmi quinquagesimi versilus heroicis. Gil. Cognato interprete.*

Dédicace (Nozeroy, 31 déc. 1560) à Claude de la Baume, archevêque de Besançon.

Cousin a cru, comme tant d'autres, que cet *Exercitatio grammatica* était de saint Basile, né à Césarée l'an 309. Il a fallu qu'en 1584, Martin Crusius prouvât que cet ouvrage

était de Manuel Moschopole, qui florissait à la fin du xiv⁰ siècle. Aussi, quoique la version latine de Basile ait été ins-
crite dans la plupart des éditions des œuvres de ce saint personnage, on a eu soin de ne le faire que dans un appendice.
Quant à l'*Interprétation* du 50⁰ Psaulme, faite au iv⁰ siècle par
un Apollinaire grammairien, Cousin l'a rendue également
en vers latins.

  * **LXXI.** — *Zenodoti Proverbia, G. Cognato interprete.*
Dédicace (1560) à Henri Pierre, sénateur à Dole.

  On sait que Zénodote était un sophiste qui vivait, suivant
Lindas, du temps de l'empereur Adrien.

  C'est la traduction la plus considérable de Cousin, et elle
n'occupe pas moins de 61 pages in-fol., avec le texte grec
en regard.

  * **LXXII.** — *Epistolæ.*
Bâle, H. Felsius, 1560, in-fol.

  Il y a en tout 28 lettres : dix-neuf sont de Cousin ; les
neuf autres sont de ses amis.

  LXXIII. — *Epitaphes de dame Jeanne Cousin.*
Lyon, 1561, Jacques Quadier.
(Cité par Ant. Du Verdier.)

  LXXIV. — *Luciani opera Græcè et latinè, cum argumen-
tis Micylli, Gilberti Cognati notis, et J. Sambuci annota-
tiunculis.*
Bâle, 1563, 8°, édité par Marc Hopper. — Ibid., 1608 et
1619, 8°. — Paris, 1615, avec les remarques de J. Bourde-
lot, apud L. Feburier.

  La préface de Cousin est datée de Nozeroy, janvier 1564.

  * **LXXV.** — *Flosculi Senecæ excerpti ex libro primo et
epistola prima.*
Dédicace (31 déc. 1560) à Adam Pierre.

  LXXVI. — *Commentarius in Philomelam Ovidii Meta-
morph., cum operibus Ovidii.*
Bâle, 1568, 8°.

LXXVII. — *In Horatium notæ.*

Elles ont été publiées dans l'édition d'Horace. Bâle, 1580, in-fol., avec celles d'un grand nombre d'autres annotateurs.

———

OUVRAGES

DONT L'ÉPOQUE DE PUBLICATION EST INCERTAINE.

* **LXXVIII.** — *Explicatio Psalmor L et CXV, cujus initium : Credidi quapropter, etc.*

* **LXXIX.** — *Annotationes in Erasmi Apophlegmata et Alberti Pii Carpensis, responsionem ad Erasmi exspostulationem.*

Ce ne sont que de simples notes.

On sait qu'Albert Pio, prince de Carpi, mort à Paris en 1530, s'était fait l'antagoniste d'Erasme, et que ce dernier, pour s'en moquer, composa aussitôt l'*Enterrement séraphique* (Exequiæ seraphicæ).

* **LXXX.** — *Annotationes in D. Hieronymi stridonensis lucubrationes veras et pseudepigraphas atque alienas, scripsit ipsius adjunctas.*

Ces remarques ne sont que de simples notes, souvent critiques, sur les œuvres de saint Jérôme de Stridon, qui mourut le 30 sept. 420.

* **LXXXI.** — *C. Nucillani Oratio adversus rhetoricen atque eloquentiam.*

Ce C. Nucillanus n'est autre que Cousin lui-même.

Traduit en français par l'auteur. Lyon, 1561, 8°.

LXXXII. — *Antiquitatum Tabulæ.*

Cité dans l'Epitome de Simler.

LXXXIII. — *Commentaria in Persii Satyras.*
(Epitome de Simler.)

LXXXIV. — *Oratio consolatoria ad nobilissimum juvencm Guillelmum Merceretum, discipulum suum, in mortem matris.*
Cité par Gesner.

LXXXV. — *In opus Erasmicum de conscribendis epistolis Compendium.*
Cité par Gesner.

LXXXVI. — *Chorea ludicra, in qua asinus ad lyram, etc.*
Cité par Gesner.

LXXXVII. — *Oratio D. Nicolai Perrenoti a Granvilla, Cesaris locum tenentis in Vuormacensi colloquia habita.*
Bâle, Vuesthomer...., 8°, avec une préface de Cousin.
Cité par Gesner.

LXXXVIII. — *De sacerdotio Christi, e Græco versum libellum.*
Cité par Gesner.

LXXXIX. — *Confessio fidei meæ senatoribus Dolanis exhibita.*
Cité par Gesner.

XC. — *Renati Nassonii vita et gesta.*
Cité par Gesner.

XCI. — *Diversorum philosophorum, regum, atque Ducum, epistolæ, ex græca lingua in latinam translatæ.*
Mentionné dans l'Epitome de Simler.

XCII. — *Liber flosculorum ex omnibus Erasmi operibus collectorum.*

XCIII. — *Gilberti Nucillani Ecloga.*

XCIV. — *Elegia in invidiam.*

XCV. — *Ad solem exorientem carmen.*

XCVI. — *De Ebrietatis remedio.*

XCVII. — *Laudes privatæ et tranquillæ vitæ.*
Dédicace à Claude Frontin.

XCVIII. — *Nuceria, sive de nominibus convenientibus cum rebus.*
C'est peut-être le même ouvrage que le n° XXXIX.

XCIX. — *Elegia satis prolixa, qua nostri seculi ad universorum fermè ordinum corruptelam abiter notatur.*

C. — *Publii Poetæ mimi, hoc est sententiæ lepidæ et festivæ, ad communem sermonis usum accomodatissimæ, ab Erasmo restitutæ.*
Ce sont des sentences morales, par ordre alphabétique, du poète latin mimique Publius Syrius.

A la suite, on trouve :
Sententiæ profanæ ex diversis scriptoribus in communem puerorum usum collectæ.
Cette dernière compilation est l'œuvre de Cousin.

CI. — *Sorbonæ theologi ad Ciceronianos ethnicos.*
C'est une épître ironique où les théologiens de Sorbonne ne veulent défendre leur style barbare et peu latin que par de longs passages de Théodoret sur la vanité des sciences humaines. Cousin y a pris les noms de *Courinus Nucerinus.*

CII. — *Dicta quædam ex opusculis Marci Tullii Ciceronis omnibus veræ virtutis candidatis utilissima.*

CIII. — *Odarum sive carminum sacrorum liber unus.*
Ce sont des paraphrases des trois premiers psaumes de David, du 50ᵉ et du 136ᵉ.

CIV. — *Commentaria in Erasmi pluræque lucubrationes.*

CV. — *Historia mei temporis.*

CVI. — *Historia Burgundiæ.*
Ces trois derniers ouvrages n'ont jamais été imprimés. Les manuscrits en sont perdus. Gilbert Cousin en parle dans la *Description du comté de Bourgogne.* Josias Simler, qui a

continué la *Bibliothèque* de Gesner (1574, in-fol.), s'exprime
ainsi à cette occasion :

« Dominus Deus noster faxit ut Gilbertus Cognatus brevi
» absolvat quos (libros) adhuc præ manibus habet, videli-
» cet : Libros illustratæ et reparatæ veteris Burgundiæ, no-
» bis exhibuit : Historiam sui temporis; Commentaria in
» Erasmi pleraque lucubrationes. »

DESCRIPTION

CLAIRE ET CONCISE

DE LA

BOURGOGNE SUPÉRIEURE

Connue sous le nom de Comté,

PAR

GILBERT COUSIN,

de NOZEROY.

A Son Ami HUGUES BABET, *de St-Hippolyte.*

Si l'on en excepte ce qu'ont dit César (1), Marliani (2), Sabellicus (3), Volaterranus (4), Godefroy de Viterbe (5) et Rhenanus (6), on ne trouve, mon

---

(1) *Comment.* Lib. I. Cap. 38. Tacite fait aussi plusieurs fois allusion à Besançon, qu'il appelle la Cité des Séquanois (*Ann* Lib. I; Cap. 24; Lib. III. Cap. 46. *Historia*, Lib. Cap. 67).

(2) Raim. Marliani vivait au commencement du XVIe siècle. Son livre, disposé sous forme alphabétique, porte ce titre : *Veterum Galliæ locorum, Populorum, Urbium, Montium et Fluviorum*, etc. Imprimé à la suite d'un grand nombre d'édit. des Comment. de César.

(3) Sabellicus, qui naquit dans la campagne de Rome en 1436, et qui mourut à Venise en 1508, a laissé un grand nombre d'ouvrages, dont on pourra lire la liste dans la Biblioth. de Gesner. Celui auquel G. Cousin, fait allusion, a pour titre : *Rhapsodiæ, historicæ Enneades, undecim;* Bâle, 1538 ; apud Herwagen.

(4) Volaterranus est le surnom de Raphael Maffei, un des plus féconds écrivains de la Toscane. Nous citerons seulement de lui : *Commentariorum urbanorum octo et triginti Libri ;* Bâle 1530 et 1544; Paris 1526.

(5) Godefroy de Viterbe, secrétaire des empereurs Conrad III, Frédéric II, et Henri VI, florissait en 1186. Il a laissé une Chronique Universelle, commençant à Adam, et finissant en 1186. Il lui a donné le nom de *Pantheon*, déifiant ainsi tous les princes dont il a écrit l'histoire. Cet ouvrage a paru à Bâle en 1559 ; in-fol.

(6) Auteur du *Rerum Germanicarum libri* 3 ; Bâle 1531 et 1551. Beatus Rhenanus mourut en 1549.

cher Babet, que bien peu de choses dans les écrits,
relativement à Besançon, ville pourtant très florissante
de l'Empire et la métropole de l'une et l'autre Bourgognes. C'est que, sans parler des injures du temps,
l'oubli et la mort attendent les origines des cités, et
tout ce qui les enorgueillit habituellement, lorsque,
au lieu de protéger la culture de l'esprit, ainsi que
ces monuments éternels d'études qui ont toujours fait
fleurir et ne cesseront de faire fleurir les républiques
dotées de bonnes institutions, les Grands semblent
n'avoir pour but que d'amasser et d'accumuler des
richesses.

Personne, après César, n'a mieux parlé que ce
dernier de la ville de Besançon. La description qu'il
en donne dans le premier livre des Commentaires,
où il raconte les actes qu'il a accomplis dans la Gaule,
restera comme un monument éternel. C'est là que le
roi des Suèves est appelé, sans nul doute par corruption, et, je pense, par suite de l'ignorance de la
langue parlée par les Germains, Arioviste au lieu
d'Ernest, le mot Ernest signifiant sérieux, habile,
attentif.

Mais puisque Sabellicus, après César, a décrit avec
beaucoup d'élégance cette ville et le fleuve le Doubs
qui l'arrose, nous rapporterons ici ses propres paroles, telles qu'on les trouve au liv. V de la sixième
Ennéade, *in fine :*

« César, dit-il, apprit que Ernest se dirigeait avec
« toutes ses troupes sur Besançon, à dessein de s'en
« saisir. C'était la plus grande ville des Séquanes,
« bien située pour la guerre, car l'*Alduadubis*, qu'on
« nomme maintenant le Doubs, l'environne presque

« de tous côtés, et le reste est fermé par une mon-
« tagne fort haute, armée d'une forteresse, et dont
« le pied touche presque des deux côtés à la rivière.
« Convaincu de la nécessité de s'emparer de ce lieu,
« César ne cessa jour et nuit de marcher vers cette
« ville, afin de s'en emparer avant l'arrivée d'Er-
« nest. »

Nous rapporterons aussi les paroles de Volaterranus,
dans le troisième livre de sa Géographie. Ce très-savant homme, selon moi, a écrit sur les villes trente-
huit livres de commentaires, qui dénotent de sa part
une grande sagesse, une habileté rare, et une connaissance approfondie des lieux, des temps, des choses et des faits.

« Parmi les Séquanes, dit-il, les Bourguignons,
« que Orose, dans son dernier livre, fait venir de la
« Germanie, habitent entre la Saône et le mont Jura.
« Au nombre de leurs villes, on compte Visançon ou
« Besançon, la capitale, où l'on voit les restes de
« plus d'un antique édifice, et où siégea le prélat
« Claude, qui, en l'annéé six cent vingt-six, après
« avoir légué les soins de l'église à un autre, se con-
« damna à une vie de macération dans le monastère
« de Saint-Eugende, ne vivant que d'herbes et de
« racines. C'est là qu'il fut inhumé, et aujourd'hui
« le monastère de Saint-Eugende a pris le nom de
« Saint-Claude. »

De plus, dans son histoire de Louis XI, roi de
France, Commines, après avoir décrit la conquête de
la Bourgogne supérieure par De Craon, lieutenant du
roi, et par Charles d'Amboise, placé par le monar-
que sous les ordres de De Craon, tous deux célèbres

par la sûreté de leur jugement et leur mérite, ajoute:

« Ainsi ne resta plus rien à prendre en Bourgogne,
« que trois ou quatre Chasteaux-Rochers (comme Leu
« et autres) et avoir l'obéissance de Bezançon, qui est
« ville impériale, et ne doit rien au Compte de Bour-
« gogne ou peu ; mais pour ce qu'elle est enclavée au
« dit pays, elle complaisoit au Prince dudit pays. Ledit
« gouverneur y entra pour le roy, et puis en sail-
« lit.... (1) »

Godefroy de Viterbe, dans la neuvième partie de
sa chronique, atteste la vénérable antiquité de Besançon ; et il assure que même quatre cents ans avant
César, cette ville avait servi de résidence au roi de
la Gaule. Il ajoute même qu'il y eût dans ce lieu un
roi du nom de Séguin, beau-père de ce Brennus qui
prouva que les Romains n'étaient pas invincibles, en
leur prenant Rome, la capitale du monde, en la sacca-
geant et en la pillant. Le même auteur écrit encore
qu'avant de bouleverser et de saccager la Grèce,
Brennus avait succédé à son beau-père dans le commandement.

Antoine Augustin fait deux fois mention de Besançon dans son Itinéraire (2).

Bonfini (*Rerum hungaric. Decad. tres*; Dec. 2,
lib. 2) donne, après quelques préambules, le nom de
Bizantium à *l'oppidum* de la Bourgogne (3).

---

(1) Philip. de Commines, Liv. vi ; Chap. 5.

(2) Né à Tarragone le 25 février 1516, Antoine Augustin, est mort le 31
mai 1586. On peut voir la liste de ses ouvrages dans les mémoires de
Niceron ; T. ix ; p 58.

(3) Le *Rerum hungaricarum Decades tres* d'Antoine Bonfini, a paru à
Bâle, en 1543, chez Rob. Wuinter.

Hontherus, que les veilles et les études ont fait mourir à la peine, parle aussi de Besançon dans son *Rudimentum cosmographicum* (lib. 2).

Cis Rhodanum Avenion jacet, Allobrogumque Vienna ;
Mox Arelas, Genevæque lacus, Visontion, atque
Massylia externis quondam constructa colonis (1).

Coccineus *(De bellis Italicis)* mentionne aussi la cité bisontine parmi celles qui furent offertes au Pape Jules, après la dissolution du Concile de Pise (2).

Le très-savant Vadianus, mon contemporain, ne l'a pas non plus oubliée dans sa *Descriptio Galliæ* (3) : « Chez les Séquanes dit-il, on trouve l'ancienne ville « de Vesontio, qu'on appelle aujourd'hui Besançon. »

Paradin, dans son livre des Antiquités de Bourgogne, n'a rien écrit qui ne soit dans notre Rhenanus, qui mentionne Besançon au livre I *De antiquitate Sequanorum;* au livre II. *De Francorum cum Burgundinibus bello;* au livre III. *De Diœcesibus episcopalibus.* Le tout imprimé à Bâle.

Dans le *Frédéric Barberousse* d'un poëte célèbre de la Ligurie (4), Besançon est baptisée du nom de

---

(1) On possède deux ouvrages de Jean Honterus sur les sciences géographiques. Celui dont parle G. Cousin, porte ce titre : *Rudimentorum Cosmographicorum Lib.* IV ; en vers hexamètres. Il a paru à Cronstadt, en Transylvanie, et à Zurich, chez Froschoner.

(2) Le *De Bellis Italicis, Lib.* I, de Michel Coccineus, a paru à Bâle, en 1544, 8o, chez Rob. Wuinter.

(3) Joachim Vadianus, ou Watt, né à St-Gall, en 1484, mourut en 1551. Voy son ouvrage intitulé : *Commentarii in libros tres Pomponii Melæ de Orbis situ,* imprimé à Vienne, in-fol. 1518, et à Paris, in-fol. 1530.

(4) Ce poëte, que G. Cousin ne nomme pas, est Othon de Freisingen, abbé de Morimond, évêque de Freisingen, mort en 1185. Cet illustre prélat a écrit en effet, deux livres *De Gestis Friderici* I. *Aenorbabi,* qu

Chrysopolis, à cause de sa beauté. Nous y emprun-
tons les vers suivants :

> *Has tibi metropoles, et primi nominis urbes,*
> *Chrysopolim placidam, Lugdunum sive Viennam,*
> *Quæque tuos spumante mari Provincia fines*
> *Claudit Arelatum variis obnoxia ventis :*
> *Chrysopolim Dubius, reliquas perlabitur amnis*
> *Maximus Allobrogum, Rhodanus dominator aquarum.*

Mais j'ignore l'époque à laquelle Besançon a reçu
le nom de Chrysopolis. Je ne sais que dire, non plus,
de l'opinion de ceux qui veulent absolument qu'elle
tire son nom d'un bison qui aurait été trouvé dans
le lieu qu'elle occupe. Solinus de Germanie écrit (Cap.
32), que les bisons sont des espèces de bœufs à fi-
gure de cerfs, et qu'on les rencontre surtout en
Prusse. En Suède, on chasse aussi les bisons, qu'on
appelle *Elg* dans la langue du pays, c'est-à-dire ânes
sauvages, lesquels sont si grands qu'un homme se
tenant debout, les mains élevées au-dessus de sa tête,
atteint le sommet de leur dos.

Mais l'an 44 de l'Empire romain, en décadence,
c'est-à-dire en 455 de l'ère chrétienne, la République
romaine perdit toute la Germanie, la Dacie, la Sar-
matie, et toutes les autres provinces situées vers le
Danube et le Rhin.

L'Espagne ultérieure, l'Aquitaine, la Gascogne, et
toute cette partie de la Gaule habitée par les Eduens,

---

s'arrêtent à l'année 1157, et qui ont été continués par Radewik, chanoine de Freisingen, puis terminés par un anonyme. Ils ont été plusieurs
fois imprimés, entre autres dans le T. v de la *Biblioth. patrum Cister-
censium.*

et les Bisontins, que les Bourguignons avaient conquise deux ans après la prise de Rome, furent aussi perdues. Aucune de ces provinces ne fit plus partie de l'empire romain. C'est Blondus, auteur non à dédaigner, qui nous apprend cela au livre II de la première Décade (1).

Nous lisons dans les registres des Recettes du Pape, que l'archevêque de Besançon avait trois suffragants, savoir : l'évêque de Bâle, l'évêque de Lausanne, et l'évêque de Belley, et que si le siége apostolique venait à être vacant, il serait dû, soit comme réserve (comme on dit), soit comme annuités, soit, enfin, comme provisions, mille florins à l'archevêché de Besançon.

Dans un très ancien manuscrit des Annales de Bourgogne, écrit en français, nous avons lu aussi que le siége de Besançon avait été occupé par Antide, Nicet, Claude, Désiré et Donat, qu'on dit être tous issus de la maison de Bourgogne. Malgré mes recherches, je n'ai pu découvrir les noms des prélats qui ont occupé, avant ces derniers, le siége de Besançon.

A Désiré succéda Germain, qui, enflammé d'un zèle ardent, exhorta les hommes de son temps au christianisme et à la pénitence, tonna contre les péchés des impies, et combattit vigoureusement l'erreur des Ariens. Il fut massacré par ces derniers dans la ville de Grand-Font, dont on ne retrouve plus aucune trace aujourd'hui, et qui était distante de

---

(1) Jean Blondus a écrit: *Panagerycus de laudibus Mandubiorum, quo etiam relunduntur extraneorum calumniœ etc.*, Paris, 1555 ; 8° apud G. Guillard.

quatre milles de Besançon. Germain reçut la couronne de martyr vers l'an 350 de J.-C., sous Constance, fils de Constantin-le-Grand.

Agnan fut institué archevêque de Besançon en 373 de J.-C., sous les empereurs Valentinien et Valens. A un demi-mille de la ville, au lieu même où avaient été inhumés deux des plus courageux champions du Christ, les frères Ferréol et Ferjeux, Agnan bâtit une chapelle qui devint dans la suite un grand monastère, que les injures des temps ont détruit de fond en comble. L'histoire parle souvent de cela, ainsi que des frères Ferréol et Ferjeux (1).

Célidoine, archevêque de Besançon, en administra le siège sous l'empereur Honorius, vers l'année 417.

Il fut remplacé, après sa mort, par Prothade, sous Clotaire, roi des Francs, en l'an 502 de J.-C.

On cite parmi les archevêques de Besançon, un certain Félix, par les conseils duquel Sigebert, roi d'Angleterre, importa l'étude des belles-lettres et fonda l'académie publique de Cambridge, l'an 630 de notre ère.

Un Hugues de Châlon, archevêque de Besançon, est cité vers l'an 1050, sous le règne de Henri II, empereur.

Le successeur et l'héritier d'une si grande charge fut Jean de Châlon, neveu de Hugues de Châlon, et fils de Jean de Châlon (frère de Hugues), et de Marguerite, fille de Hugues, duc de Bourgogne. Cet

---

(1, Voy. Grégoire de Tours ; *Le livre des miracles* ; Edit. de la Soc. de l'Hist. de Fr. ; Trad. de M. H. Bordier ; 1857 ; 8o Lib. i. Chap. 71.

archevêque apporta de grands changements à ce qu'avaient fait ses prédécesseurs.

Un certain duc de Souabe, fils de l'empereur Frédéric Ier, connu sous le nom de Barberousse, fut archevêque de Besançon sous les papes Urbain III et Grégoire VIII. Il mourut à St-Jean-d'Acre, assiégé alors par les Turcs, en 1190, et a été célébré par le moine Florentinus, archevêque de St-Jean-d'Acre, lequel, au livre *De recuperata Ptolemaïde,* a chanté en vers ses louanges, et tout ce qu'il a fait ou projeté de faire au profit de cette ville. Je n'en citerai que quelques-uns, car il serait trop long de les transcrire tous ici :

> *Quid de Archipræsule dicam Bisuntino ?*
> *Vir est totus deditus operi divino :*
> *Orat pro fidelibus corde columbino,*
> *Sed pugnat cum perfidis astu serpentino.*
> *Fecit hic arietem, quem de ferro texit,*
> *Qui nostrorum animos plurimum crexit.*

Et plus loin :

> *Hinc Archiepiscopus gemma clericorum*
> *Bisuntinus obiit, Duxque Suevorum :*
> *Qui, nisi contraria foret sors fatorum,*
> *Stravisset innumeras acies Turcorum, etc.* (1).

Eudes de Rougemont fut archevêque de Besançon et

(1) On devine là Frédéric, duc de Souabe et fils de l'empereur Barberousse, lequel reçut de son père, en 1169, l'investiture des duchés de Souabe et d'Alsace. Ce prince mourut devant Saint-Jean-d'Acre, enlevé par une épidémie, au mois de janvier 1191. Il était à peine âgé de 28 ans.

ce fut sous lui, en 1281, que fut assemblé le Concile
Provincial.

Thiébaud était à la tête de l'église de Besançon
vers l'an 1395, mais j'ignore le temps qu'il occupa ce
siége, et l'époque de sa mort. Par exception à la rè-
gle ordinaire, ce prélat dota notre collége de Nozeroy.

Quentin fut archevêque de Besançon sous le pape
Eugène IV, en 1442 de J.-C., et du temps de Louis de
Châlon, prince d'Orange.

Après Jean, cardinal de Rouen, archevêque de Besançon, vint Charles de Neuchâtel, qui tint ce siége
en l'an 1477. C'est lui qui a dicté les préceptes qui
doivent guider les clercs, et tout ce qui regarde les
mœurs et les coutumes dignes de l'Eglise du Christ :
témoignages éclatants de la vraie noblesse et de l'é-
rudition. Charles de Neuchâtel rappelle à la mémoire Prothade, Félix et Jean, cardinal de Rouen,
dans une lettre qui fait partie du journal de nos
prières.

De notre temps, le siége archiépiscopal de Besançon a été occupé par Jérôme de Busleiden. Ce
savant homme, vénérable Mécène, distingué autant
par l'ornement de son esprit que par ses vastes connaissances dans les lettres, avait été le précepteur de
Philippe, souverain des Belges, fils de l'empereur Maximilien et de Marie de Bourgogne. Ce fut lui qui fonda
à Louvain, en faveur des lettres, des établissements
publics et institua un nouveau collége, aujourd'hui
florissant entre tous, où des professeurs, salariés avec
munificence, enseignent trois langues, l'hébreu, le
grec et le latin.

A Jérôme de Busleiden succéda, vers l'an 1515, Antoine de Vergy (1).

Ce dernier étant mort, on élut à sa place Pierre de la Baume, cardinal de Bourgogne (2).

A son tour, Pierre de la Baume céda la place à son neveu, Claude de la Baume, encore jeune au moment ou j'écris ces lignes, dont l'exquise beauté du corps est rehaussée par le brillant et la vivacité de l'esprit.

Le théologien Antoine Lulle, de Dole (3), a donné une solide éducation à ce jeune homme, destiné à une haute vertu.

Pendant ce temps, l'administration de l'archevêché de Besançon fut déléguée par l'empereur Charles-Quint à l'excellent François Bonvalot, abbé de Luxeuil.

Dans ces mêmes annales populaires de notre nation, on voit que Jeanne, fille d'Othon I, comte de Bourgogne, a été inhumée dans le temple sacré de Saint-

(1) Antoine de Vergy, archevêque de Besançon, mort en 1541, s'est fait surtout connaître par le zèle trop ardent qu'il mit à défendre les privilèges de son église, attaqués en même temps et par les citoyens de la ville et par le parlement de la province. Les tribunaux ecclésiastiques dont il protégeait l'indépendance, malgré le gouverneur de Besançon, firent un tel abus de l'excommunication, que l'on vit 40,000 excommunications à la fois dans la province.

(2) Pierre de la Baume, avait d'abord été évêque de Genève en 1523, mais il en fût chassé par les Calvinistes en 1535.

(3) Antoine Lulle était de la même famille, que le fameux Raymond Lulle, et naquit comme ce dernier dans l'île Mayorque. C'était un profond théologien et un savant grammairien. Il fût appelé à Dole, pour y enseigner la théologie, devint vicaire-général de l'archevêché de Besançon, surveilla la réimpression du Bréviaire et des livres d'église dont il retrancha un grand nombre de faits apocryphes, et mourut à Besançon en 1582. Nous connaissons deux ouvrages de cet auteur : *Progymnasmata rhetorica ad Franciscum Baumensem* ; 1550 *et* 1551 : *et*: *Preparatio Græca in Basilii Magni Libellum de exercitatione grammatica* ; 1553.

Etienne, construit par le roi Etienne, et restauré dans
la suite par Charlemagne. Il y avait alors à Besançon
des académies célèbres de belles-lettres, où des
hommes éloquents et savants enseignaient les lettres
et tout ce qui a rapport aux études libérales. Ces
Académies, après avoir été peu de temps après ren-
versées par les dévastations des barbares, ont été au
commencement de l'année 1540, rétablies par les soins
et la munificence d'Antoine Perrenot, évêque d'Arras,
président du Conseil de Sa Majesté impériale, lequel
y ajouta un collège pour des études de tout genre,
dont il subventionna largement et récompensa les
professeurs (1). Puis vint l'approbation que donnèrent
à l'Académie l'empereur Charles-Quint et le pape
Jules III, qui la favorisèrent de privilèges et d'immu-
nités. On fit venir de toutes parts de savants traduc-
teurs et des professeurs célèbres. Parmi ceux-là, il
faut citer Mgr François Richardot, qui a su si bien
joindre l'érudition à la piété, qu'on ne peut vraiment
pas dire laquelle des deux l'emporte sur l'autre, et
dont je ne peux proclamer la gloire et les vertus,
tant je crains qu'elles ne provoquent l'envie et ne
deviennent suspectes de la part de son protégé et
ami (2). Nous pourrions en dire autant d'Etienne Du

---

(1) Antoine Perrenot de Granvelle, cardinal, fils de Nicolas Perrenot de
Granvelle, chancelier de Charles-Quint, fut aussi ministre de Philippe II,
et acquit la réputation d'un des plus habiles politiques du xvie siècle. Il
était né à Ornans en 1517. Il fut nommé évêque d'Arras à 25 ans, et
accompagna son père aux diètes de Worms et de Ratisbonne, ainsi
qu'au Concile de Trente (1545). A 32 ans il succéda à son père dans la
charge de Conseiller d'Etat, et reçut les sceaux de l'Empire. Il mourut en
1593. Ses *Lettres et Mémoires* ont été recueillis par l'abbé Boitot, en 35
vol. in-fol. Dom Berthod en a donné une analyse en 2 vol. in-4o.

(2) François Richardot, évêque d'Arras, et l'un des plus grands ora-

Pré , notre ancien ami , qui pendant plusieurs années, et à la louange de tous, a formé la jeunesse dans les études littéraires et les mœurs publiques. Sous toi, cher Babet, si érudit et si bon, plus d'un noble jeune homme y reçoit la culture de l'esprit.

Mais ce qui recommande surtout cette cité à l'admiration de tous, c'est qu'elle possède une magistrature composée de jurisconsultes, qui brillent également par l'austérité de leurs mœurs, la pratique de toutes les vertus, et l'éclat de leur justice. Tel est

teurs du xvıe siècle, né à Morey, dans le baillage de Vesoul, en 1507, embrassa la vie religieuse chez les Augustins de Champlitte, où il se fit bientôt remarquer par son éloquence, son érudition, et ses vertus. Après avoir professé la théologie à Tournai et à Paris, il visita l'Italie, se lia avec les savants les plus distingués de l'époque, s'arrêta ensuite à Ferrare, où la duchesse Rénée de France l'accueillit avec bienveillance. Mais devenu par cela même suspect au duc de Ferrare, Richardot éprouva diverses persécutions de la part de ce prince, fût même renfermé au château de Rubiera, et n'en sortit qu'après s'être pleinement justifié par deux lettres adressées au duc, et qui ont été conservées; s'étant immédiatement après rendu à Rome, Richardot y fût relevé des vœux monastiques, rentra en France, et vint à Besançon, où il combattit avec succès les progrès de l'hérésie, et obtint plusieurs dignités ecclésiastiques. Appelé ensuite dans le diocèse d'Arras par le cardinal de Granvelle, il fut choisi par Marie, reine douairière de Hongrie, pour prononcer en présence de Philippe II et sa cour, l'éloge funèbre de Charles-Quint. Il ne démentit point dans cette occasion la haute réputation qu'il s'était acquise. Richardot succéda bientôt, sur le siège épiscopal d'Arras, au cardinal de Granvelle, qui passait à l'archevêché de Malines, et ce fut alors qu'il put se livrer à toute l'ardeur de son zèle pour les progrès de la religion, des sciences et des lettres. L'établissement d'une université dans la ville de Douai, le discours remarquable qu'il prononça au Concile de Trente, enfin ses instructions multipliées à son troupeau, prouvent évidemment que ce prélat était un des hommes les plus éclairés et les plus vertueux de son temps. Il mourut en 1574. Ses principaux ouvrages sont : *Oraisons funèbres* de l'empereur Charles-Quint, de Marie de Hongrie, et de Marie, reine d'Angleterre; Anvers, 1558; in-fol.; des *Sermons et Discours* prononcés au Concile de Trente, au Synode de Cambrai, et à l'académie de Douai, 1608; in-4o.

parmi eux le magistrat Guy de Vers, Seigneur de Tez, mon oncle maternel.

Nam pius hic, prudens que simul sanctus que Senatus,
Legibus et justis, et religione severá
Servat in officio populum : tam fontibus æquus
Plectendis, quàm digna probis ad dona vehendis.

Outre cette magistrature, il y a une autre autorité qui donne à celui qui la remplit le titre d'official. A la tête de cette magistrature sont, dans l'église St-Jean, deux juges dont l'un a pour magnifique palais la cathédrale même. Il donne des lois et prend connaissance des controverses de l'église, c'est-à-dire de toutes celles qui sont soulevées par les prêtres et les curés constitués dans toute la Bourgogne. Il a, pour l'aider dans ses immenses travaux, des doyens distribués en divers lieux diocésains, et qu'on appelle ruraux : de Sexte, des Montagnes, de Salins, de Varesco, de Lons-le-Saunier, de Dole, de Traves, de Gray, de Faverney, de Neublans, de Granges, de Rougemont, de Luxeuil, de Pesmes et d'Ajoie.

Mais dans la ville, ce sont le Grand Vicaire de l'Archevêque et le chanoine de l'Archidiacre qui jugent des controverses d'un ordre inférieur. Si ces controverses deviennent plus graves, on en réfère, comme prononçant en dernier ressort, à l'official de l'Archevêque, auquel se joignent des notaires, des assesseurs et des avocats, qui exposent et défendent les procès, un bedeau qui convoque les parties, et des huissiers qui s'occupent des citations en justice. L'official de l'archevêque connaît même des causes matrimoniales et des crimes des prêtres, et gère toutes les affaires de l'archevêque de Besançon. Cette fonction est confiée à Jacques Perrot, de Dôle, chanoine de St-Jean de Besançon et grand-vicaire de l'archevêque, jurisconsulte distingué.

Mais il existe un autre juge qui connaît des affaires criminelles, appartenant, je crois, à l'une et l'autre magistratures, à la civile ou profane, et à la pontificale ou canonicale. On l'appelle aujourd'hui Régale, et cette charge est remplie par Humbert Jantet, très-savant en droit et en coutumes étrangères, et en même temps homme de cœur et de circonspection.

J'ai aussi un vrai plaisir à rappeler que dans cette ville, en dedans même de ses murs, existent des jardins spacieux, des vignes, des vergers et tout ce qui plaît à ceux qui aiment la méditation et l'étude.

Mais on voit avec peine cette maison des *sept fours* et bains, où des jeunes filles livrent honteusement leur corps prostitué à des hommes débauchés, voire même à des étrangers, qui, dans les premiers temps, vont là comme dans une école de corruption et de perdition pour la jeunesse.

J'ai, d'après les écrivains les plus accrédités, décrit et exposé la ville de Besançon, très-sommairement et d'une manière plus écourtée que ne le demanderait une aussi grande cité. Je m'étendrais bien sur son origine et son ancienneté, sur l'étymologie rationnelle de son nom, sur ses remarquables et antiques franchises, sur ses magistrats, sur les désastres qu'elle a subis, soit par le fait de la guerre, soit par les incendies, sur ses murailles, ses châteaux fortifiés, ses édifices publics et privés, les grandes familles qui l'ont illustrée, les saints et hardis champions du Christ

qu'elle a abrités, tels que beaucoup d'archevêques
de cette ville et les nombreux martyrs que le ciel a
reçus dans son sein ; enfin sur les magnifiques tem-
ples construits par les Juifs, que les Chrétiens ont
transformés dans la suite en églises, et en mémorables
lieux de sépulture.

Mais pour cela (et sans compter l'étendue trop
considérable que je devrais donner à cette lettre),
il me faudrait, cher Babet, mettre largement à profit tout ce que vous avez apppris à votre élève, Paris Favernier, qui est mon cousin, et faire servir ainsi
votre goût scrutateur de toutes choses et votre immense érudition, à élever un monument aux lettres.

Que l'on me permette, cependant, d'ajouter encore
quelques mots. Bien que cette ville soit par elle-même
assez célèbre et digne d'admiration, son lustre est
encore rehaussé par la naissance du Révérendissime
et très-illustre Mgr François Bonvalot, abbé de Luxeuil, dont les louanges devraient être proclamées et
écrites par tout le monde, et par la famille de Granvelle, dont les hôtels, de forme carrée, et construits
en pierres blanchies et polies à la doloire, sont un chef-
d'œuvre d'art.

Mais revenons au fleuve le Doubs, qui entoure
presque la ville de Besançon, et sur lequel nous avons
déjà dit quelques mots. Je ne crois pas qu'à l'exception des auteurs que j'ai cités, aucun en ait parlé. Il
y a pourtant Sleidan (1) et Bocace (2), (*De fluminibus*),

---

(1) Jean Sleidan mourut en 1556. On peut voir la liste de ses nombreux
ouvrages dans les *Mémoires de Niceron*, t. xxxix.

(2) Jean Bocace de Certaldo était de Florence, et florissait en 1375. Son
livre porte le titre suivant : *De genealogia Deorum*, lib. xiv ; *De illustri-*

chez lesquels on lit mal à propos ceci : « *Alduasdulis fluvius Volsontionis circuit civitatem.* » Je m'étonne que Micyllus (1), qui, à l'instigation de notre Herwagen (2), a purgé cet auteur de beaucoup de fautes et d'erreurs, n'ait pas remarqué celle-là. Il faut lire : « *Arduus Dubis fluvius Vesontionis civitatem circuit.* »

Le savant Sleidan, notre contemporain, a dit dans sa Description de la Gaule :

« Le Doubs, que César appelle *Arduus Dubis*, ne « doit pas s'entendre du fleuve qui prend sa source « au-dessus de Besançon, près de Verdun, et va se jeter dans la Saône. »

Je m'étonne aussi que Paradin ait pu croire que ce fleuve prenait sa source non loin de la Saône, quand il est constant et certain (je l'ai vu moi-même) qu'il vient du Mont-Jura, célèbre dans les écrits des anciens, et qu'il sort de terre près de Mouthe, hameau charmant, dont le nom est caractéristique, et que le fleuve arrose, à un mille de Nozeroy, ma patrie, ville très-célèbre dans toute la Bourgogne par la nature des lieux, par la splendeur des édifices, par l'extrême urbanité de ses habitants, et par son marché.

---

bus viris, lib. I ; *De Claris mulieribus*, lib. I ; *De heresibus Bohœmorum*, lib. I ; *De victoris. Sigismundi*, lib I ; *De bellis imperatorum*, lib. I ; *De Montibus*, lib. I, *De Fontibus*, lib. I ; *De fluminibus*, lib. I, etc., etc. Berne, 1539.

(1) Jacques Micyllus, natif de Strasbourg, compte, en effet, parmi ses nombreux écrits, des notes sur Bocace, qui ont été imprimées à Bâle, en 1538.

(2) Gaspard Herwagen était fils de Jean Herwagen, célèbre imprimeur. Il professa la jurisprudence à Bâle, et mourut en 1577.

Laissez-moi, puisque le nom de cette ville tombe de ma plume, vous la décrire et l'exposer à votre vue. Si je vous raconte ce que tout le monde sait, et si j'en dis même plus que je ne l'ai fait à l'égard de Besançon, vous me le pardonnerez aisément, cher et savant Babet. Rien ne m'est plus agréable, ni plus cher que la patrie. Vous n'avez guère vu de situation plus belle, ni plus charmante pour une ville. Bâti sur une montagne, Nozeroy semble être l'ombilic, pour ainsi dire, de la Bourgogne supérieure. Le terrain qu'il occupe est plan dans toute l'étendue de la cité, mais il s'abaisse en pente douce à l'entour des remparts. Il n'est pas très-grand, mais disposé de manière qu'avec sa petitesse il surpasse les plus vastes villes de la Bourgogne. Dans les temps reculés et avant qu'il ne fut entouré de murailles, Nozeroy s'appelait *Nucillum* et *Nuceria,* sans doute à cause de la quantité immense de noisettes qu'on y trouvait. Ce lieu était en effet planté d'un nombre considérable de noisetiers, et la ville elle-même était bâtie au milieu d'une forêt de noisetiers. Mais le prince Louis-de-Châlon, premier du nom, étant revenu de Jérusalem, en Bourgogne, releva et agrandit les remparts en mémoire de l'incarnation du Verbe Céleste, et donna à la ville le nom de Nazareth (qu'on traduit par *émaillé de fleurs ou de bruyères*) en souvenir de la ville de Nazareth, en Galilée, placée aussi sur une montagne, et sanctifiée par la salutation angélique, l'Incarnation du Verbe et l'enfance de Joseph. De là le nom de Jésus-Christ de Nazareth donné au Sauveur. La même chose est arrivée pour beaucoup d'autres villes, qui ont reçu le même nom, quoique bien

distinctes les unes des autres. Ainsi : Vercelles du
pays des Insubres et notre Vercel ; Amance du pays
des Sicambres, près de Namur, et notre Amance sur
la Saône ; notre La Rivière, et celle qui n'est pas loin
de Mantoue ; notre Ruffey et celui de l'Alsace supérieure. Lesquels exemples suffisent, selon ce passage
de Virgile :

. ...Et crimine ab uno
Disce omnes......

Mais le nom hébreu donné à notre ville par notre
prince, se transforma en passant à l'étranger, et le
peuple prononça *Nozereth*, en changeant l'A en O, et
en E, pour le distinguer de Nazareth de Galilée, ou
plutôt par ignorance et sans savoir pourquoi (comme
je le pense).

Avec sa forme triangulaire, notre Nozeroy d'aujourd'hui est disposé avec un tel art que les constructions s'y élèvent de toutes parts, et qu'on dirait,
aucune maison n'étant séparée des autres, plutôt un
grand bâtiment, ou une seule et même maison. En
général, les maisons sont bâties en pierres, et le plus
souvent bien alignées et uniformes. La première entre toutes est celle que l'économe du prince, Léon,
connu sous le nom de Léon de Nozeroy, a fait ri-
chement élever, et qui, par sa position, frappe à chaque heure du jour les regards des habitants. A l'extrémité de la ville, vers le midi, c'est-à-dire dans le
point principal, s'élève le Château du Prince, grand
et superbe édifice, de forme carrée, construit en
pierres ajustées avec un art infini, entouré d'un mur
qui le ceint lui et la ville, et flanqué de huit tours

très-élevées qui le défendent. La plus grande de ces tours, magnifique et élégante, est recouverte de plomb, d'où son nom de *Tour-de-Plomb*. Les autres ont leurs toits couverts de laves (1). Les toits du château sont en tuiles. On arrive à ce château, du côté du Nord, par une place ceinte de tous côtés par des édifices et des murs, et occupée par des écuries, des granges, des forges, et des halles. Cette place se termine par des retranchements et des fossés coupés à pic, qui entourent le château de tous côtés, et sur lesquels on a jeté des ponts à doubles portes. Après quoi est le portique ou magnifique basse-cour. En dedans des murs du château et au milieu est un espace quadrangulaire et libre, qu'on appelle aussi cour, et dans les angles duquel s'élèvent quatre tours ou *vis* pourvues d'un escalier en spirale, par lequel on monte du rez-de-chaussée et des salles basses, à la partie supérieure du château et aux combles au moyen de cent marches. C'est là la hauteur absolue de l'escalier. Au milieu de la cour se trouve une citerne, et dans la première basse cour, une source abondante.

A l'occident existe une autre basse-cour terminée par de grands escaliers au moyen desquels on descend dans les champs de courses, dans les jardins et dans les vergers. Là, l'œil contemple un portique, des cours magnifiques, des parcs à bestiaux, des ruches, des piscines, le tout ceint de tours et de remparts.

A l'extrémité de la salle basse orientale du château, se voit la chapelle où des musiciens exécutent

_____

(1) Pierres plates en calcaire jurassique, dont on couvre les édifices.

des morceaux sacrés et divins. Près de là est un escalier en spirale, construit avec un soin et un art infinis, et qui est ménagé dans une tour carrée adossée en dehors, à une angle. Au faîte de cet escalier est suspendue la cloche de la chapelle (1).

Pour défendre non seulement le château, mais encore la ville, on a des machines de guerre qu'on nomme bombardes à cause du bruit qu'elles produisent. Il y en a de grandes, de moyennes, et de légères pour la plaine; il y en a, pour les cavaliers, de moins longues et qui se tiennent à la main. La plus grande de toutes, ouvrage admirable, est longue de dix-huit pieds, et les boulets de pierre qu'elle peut lancer, pèsent trois cent trente livres.

En fait d'ornementation intérieure du château, les salles sont couvertes de tapisseries peintes, de tentures d'or d'un tissu admirable et de diverses couleurs. Les principales tapisseries sont celles qui représentent des sujets tirés de l'ancien et du nouveau testament (2).

(1) Le château de Nozeroy était encore assez bien conservé en 1776, pour que le P. Joseph Romain, de Saint-Claude, ait pu le décrire dans ses *Lettres sur la Franche-Comté, publiées à Paris en 1779*, in-8°. Seulement, la Tour-de-Plomb s'était écroulée quelques années auparavant avec un fracas épouvantable. L'escalier dont parle G. Cousin était construit de manière à ce que deux personnes, montant par deux côtés opposés, se rencontraient au deuxième étage. — Au reste, il fallait que l'enceinte du château fut considérable, puisque, en 1518 et 1519 Philibert de Châlon y donna deux tournois. Il y avait une salle tellement vaste qu'on y courait la bague à cheval.

(2) Dans une notice qu'on trouvera dans l'*Annuaire du Jura* (année 1857, p. 171), M. D. Monnier a dépouillé plusieurs inventaires des meubles du château de Nozeroy, se référant aux années 1463, 1533, 1543, 1545 et 1553. On y retrouve non-seulement « les sept grands pans de la belle ancienne tapisserie de la maison de Châlon, que l'on nomme le vieux et le

Jusqu'ici le château, à cause de sa belle position, de la bonté de l'air qu'on y respire, et de l'abondance du gibier, a été habité par les princes d'Orange.

Mais pour en revenir à la cité, Nozeroy possède deux colléges, celui des Chanoines et celui des Franciscains mineurs. L'un et l'autre ont de grands édifices, de splendides et magnifiques chapelles, tout resplendissants de marbre, de statues, de tableaux, de peintures, et de toutes espèces de richesses. On n'y a pas non plus oublié un hôpital pour les pauvres. Environ l'an mil-quatre-cent de J.-C., Jean de Châlon, prince d'Orange, et Marie de Baul, sa femme, fondèrent dans l'hôpital qui tombait presque en ruines, une nouvelle chapelle dédiée à saint Antoine, et ajoutèrent un doyen et six chanoines. Cette fondation (1) ne tarda pas à s'augmenter d'autres dons. Elle s'enrichit des biens que lui laissèrent Louis de Châlon, fils de Jean, et Guy d'Eternoz, noble et curé de Coulans, et finit, en 1424, par obtenir de grandes prérogatives. En 1422, Théobald, archevêque de Besançon, lui avait aussi accordé un privilége et une exemption du droit commun (2). A cette chapelle sont venus s'annexer le Prieuré et la paroisse de Miéges, avec tous leurs biens ecclésiastiques, parmi lesquels il faut

---

nouveau Testament, » mais encore « la tapisserie de volerie qu'estait en la salle de pierre ; la tapisserie des fontaines, qu'estait en la chambre du Prince ; la tapisserie des Bucherons ; puis enfin, la tapisserie de verdure à feuillaige. » Il y avait encore les tapisseries « de la Bergerie qui étaient à grands personnages. » Nous ne parlons pas des meubles meublants : dossiers, dolcerets, lits de camp, etc. Nous renvoyons à l'intéressante notice de M. Monnier.

(1) Elle date du 27 mai 1411.

(2) Par lettres datées du jeudi avant Saint Luc, 1422.

citer en tête ceux de Mignovillard et de Bief-du-Four. Dès la fondation de la chapelle, le prince Jean de Châlon, nomma pour la desservir :

Doyen : Hugues Bardelier.

Chanoines : Erasme Constantin, Humbert Voisin, Pierre Sordet, Guillaume Buchin, Jean Noyron, Jacques Vuilhemin (1).

Après Hugues Bardelier, on nomma doyen Etienne Vigner, qui mourut en 1505.

Pierre Nicod lui succéda et mourut le 3 juillet 1507. Puis :

Alexandre Ravernier, chanoine déjà, mort le 25 janvier 1517 ;

Jean Clerc, déjà chanoine, mort en septembre 1525;

Jean Tornon, docteur en droit ancien et chanoine, lequel, remplissant les fonctions d'official de Besançon, fut enlevé prématurément par un coup du sort, le 2 août 1547, et inhumé dans la chapelle de saint Etienne ;

Enfin Etiènne Tornon, vivant encore aujourd'hui, frère de Jean, maître ès-arts et très-versé dans l'une et l'autre langues.

Après ces six premiers chanoines, on nomma ensuite :

Alexandre Sordet ;

Jean Sage ;

Hugues Chaperon.

Hugues Bardelier, neveu du doyen Hugues Bardelier ;

---

(1) Ce premier doyen et ces premiers chanoines étaient tous chapelains du prince Jean de Châlon.

Pierre Cordier, qui construisit l'hôpital à la porte de Nods, le 27 avril ;

Pierre Cugnet, docteur ès-lois, mort le 13 septembre 1494, et inhumé dans l'église, côté du midi ;

Etienne Galier, musicien ;

Jean Basivet, mort le 8 juillet 1526 (1) ;

Erasme Gauthier, mort le 4 janvier 1535 ;

Pierre Morond, mort le 16 mai 1531 ;

Etienne Fournier, né en 1479, nommé chanoine le 7 juillet 1500 ;

Claude Cordier, neveu du chanoine Pierre Cordier, mort le 9 août 1524. Il fut remplacé par Pierre Garnier, aumônier de Philibert, prince d'Orange, lequel Pierre Garnier mourut le 9 novembre 1531.

Jean Clerc ayant été nommé doyen, son canonicat échut à Jacques De Hénauld, docteur ès-lois (2).

Après la mort d'Etienne Fournier, Jean Tornon fut appelé au canonicat, mais ayant été à son tour nommé doyen, son canonicat tomba entre les mains de François Bardelier, musicien.

Après la mort de Jean Basivet, Jean Salvin fut nommé chanoine. Il était attaché à la cour de Philiberte de Luxembourg, et fut précepteur des neveux de cette princesse.

A Pierre Garnier succéda Alexandre Sombarde, le 20 novembre 1531.

A la place de Pierre Morond, on élut Erasme Jacques, le 3 octobre 1534.

(1) Il a fondé, dans l'église de Nozeroy, trois messes, par acte du 31 mai 1526.

(2) Jean Clerc fit, le 30 novembre 1625, son testament par lequel il lègue tous ses biens au chapitre de Nozeroy.

Gilbert Cousin, de Nozeroy, né par son père Claude Cousin, et par sa mère Jeanne Daguet, le mercredi 21 janvier 1506, à peu près à six heures du matin, sous les règnes : en Allemagne, de Maximilien, fils de l'empereur Frédéric, IIIe du nom, vingt-huitième empereur des Germains ; en France, de Louis XII ; à Rome, du pape Jules III ; disciple et secrétaire de Didier Erasme de Rotterdam ; auteur, enfin, de cette chorographie, fut institué premier chanoine par René de Nassau, prince d'Orange, successeur de Philibert de Châlon. Il occupa le canonicat d'Erasme Gauthier, le lendemain du décès de ce dernier.

Dans la même église de St-Antoine, près du grand autel, on voit un monument funèbre d'une grande magnificence, tout en marbre, élevé à la mémoire de Claude, fils de Jean de Châlon. Il mourut le 8 novembre 1500. Sur un des côtés du tombeau, on a gravé les vers suivants :

Hoc jacet in tumulo, raptus puerilibus annis,
  Claudius heroi cura dolorque sui
Anna domans Gallos et prisco jure Britannos,
  Ut mos est sacro fonte levarat eum :
Bis qui nos tantùm lustrarat Cynthia menses
  Quum tulit humenti frigida membra solo.

A Erasme Jacques succéda, en qualité de chanoine, le 15 novembre 1552, Jérôme Ludet, qui, le 4 août 1556, passa, moyennant finance, sa stalle à François Tornier.

Jean Masson succéda à François Bardelier, qui venait de mourir, 1er août 1558.

Jacques de Hénauld céda aussi, par voie de permutation et de pension, son canonicat à Louis Régule, le 12 mars 1561.

Jean Salvien étant mort, son neveu, Jean Salvien, fut nommé chanoine à sa place, en juillet 1561.

En outre, des citoyens puissants du pays ajoutèrent à l'église de St-Antoine, une chapelle d'un grand travail, qu'ils consacrèrent en 1515 à la sainte Trinité, et qu'ils enrichirent par leurs dons, soit pendant leur vie, soit à l'heure de la mort; car plusieurs d'entre eux sont déjà exempts des misères de ce monde. Tels sont : Jean Clerc, doyen; Jean Basivet, Claude Cordier, Erasme Gauthier, Pierre Morond, tous chanoines de cette église; les deux frères Bernard et Joachim de Châlon, d'origine noble; Claude Montrichard, économe du prince, mort le 18 août 1529.

Claude Cousin, mon père, mourut septuagénaire le 14 mars 1548. Jean Surrin et Jean Herold (1), lui ont composé les épitaphes suivantes :

> Ossa cinis que jacent numerosa prole parentis,
> Sedibus Uraniis quem pia vita beat.
> Corporis hinc cœlo posita post mole recessit
> Spiritus, at gaudet corpore dives humus.
> In cœlum patriam reduci gratare viator,
> Et te ducat eò : carmine flecte Deum.

(1) Jean-Basile Herold était un laborieux écrivain, né à Hoochstaedt, en 1511, et mort à Bâle en 1581. Il est auteur de nombreux ouvrages dont on pourra lire la liste dans l'*Epitome* de Gessner (fol. 545). Nous indiquerons les principaux : 1o *Pannoniæ chronologia*; 2o *Orthodoxogr. theol. sacro-sanctæ*, etc., 1555, in-fol.; 3o *Hæresologia seu syntagm. veterum theologorum*, 1556, in-fol.; 4o *Leges antiquæ Germanorum*, 1557, in-fol.; 5o *De Germaniæ veteris veræ locis antiquissimus*, 1557, in-8o; 6o *Belli sacri continuatis*, libri VI.

Autre épitaphe gravée sur le tombeau de Claude Cousin, de Nozeroy :

Sous cette pierre gît Claude Cousin, qui a laissé une nombreuse postérité et une épouse, Jeanne Daguet, d'une rare fécondité et d'une insigne vertu. Tous ceux qui l'ont connu attesteront qu'il fut hospitalier envers les étrangers, et que personne ne fit jamais en vain appel à son humanité. Telle fut la fidélité qu'il montra envers ses princes, que ceux-ci le nommèrent magistrat dans sa patrie, fonctions qu'il remplit avec tant de louanges qu'il mérita le nom de bon citoyen et d'ami de son pays. On ne parle pas de sa piété, de l'intégrité de ses mœurs et de sa frugalité, qui sont connues de tout le monde. Mais que dire de cette joyeuse postérité, qui a pu ajouter au nom glorieux de Bourguignon les plus hautes dignités, les plus grands honneurs, que lui octroyèrent les rois et les grands, et rehausser ainsi la noblesse des Cousins? Que dire, surtout, de ce Gilbert, le premier entre tous, comme le soleil est le premier entre les astres, qui illustre la Séquanie par la splendeur des Belles-Lettres? De sorte que de même que le Phœnix, Claude Cousin semble par cette postérité, n'avoir fait qu'échanger cette vie si pleine d'alternatives; et comme Abraham, confluent de toutes choses, il attend paisiblement la voix et la trompette des Anges qui appellent au banquet céleste. C'est à t'appliquer, lecteur, à obtenir cette béatitude, récompense d'une vie honnête, que te convie le vieillard, qui gît sous cette pierre, et qui mourut septuagénaire, l'an 1548 de Jésus-Christ, le 14 de mars.

Basile-Jean Hérold a élevé pieusement ce monument à son méritant patron.

Citons encore les noms d'autres personnages qui ont été enterrés dans l'église St-Antoine : Girard Malapert, Jean de Hénauld, le jeune, questeur du prince, mort le 15 avril 1548 ; Pierre Cunet ; Hugues Cunet ; Guillaume Grand ; Claude Glani, président d'Orange ; Marcel Revergner ; Adrien Farod ; Laurent Remond ; Antoine Cat, docteur en droit ; Pierre Motenet ; Guillaume Vermod, mort le 6 mars 1526, et pour lequel son neveu Guillaume Vermod a composé cette épitaphe :

Quem Princeps magni quondam Philibertus honoris,
 Burgundæ gentis præsidium que decus,
Ut sibi consuleret, rerum que minister ut esset,
 Proh! Dolor! ascivit, conditur hoc tumulo.
Et licet ulla queat Parcarum haud frangere mentem
 Religio, pietas, justitia atque fides :
Nam tamen interiit, volitet cum fama per orbem
 Sic sua, quæ nullo est interitura die.
Sed sibi pro meritis etiam Burgundia multis
 Dicet, Vermodi molliter ossa cubent.

Balthasar Belot, mort le 15 novembre 1541 ; Jacques Tornon, mort le 5 décembre 1550 ; Jean Rat, mort le 5 février 1546 ; Antoine Sombarde ; Junod Parcent ; Roger de Vitry ; Hugues Bardelier, mort le 14 septembre 1528 ; Nicolas Bovot.

Tous ces personnages, je le répète, sont inhumés dans l'église, sous des tables de marbre taillées en carré, et sur lesquelles on a gravé en grandes lettres, l'année et le jour de leur mort. Deux des bienfaiteurs de l'église dont nous venons de parler existent encore ; ce sont : Pierre Nycod et Claude Belot, frère de Balthasar. Mais les morts ont laissé des fils et des héri-

tiers qui prendront dignement leur succession. Je citerai François Rat, les deux frères Philibert Belot, docteur en droit ancien, et Antoine Belot, fils de Balthasar ; enfin, Claude Cunet.

Cette chapelle a reçu le nom de Chapelle des Ca-
lendes, parce que, autrefois, c'était à chaque Calende
que les assemblées se tenaient, et que, après avoir
célébré le service divin selon le rituel, elles se con-
viaient à un joyeux festin. Mais aujourd'hui c'est
quatre fois l'an qu'ont lieu ces célébrations religieuses
et le festin.

La ville de Nozeroy est percée de deux portes, outre
la *Portelle*. L'une, appelée la *Porte de l'Horloge,* est
placée à l'opposé du Nord et possède, outre le rempart,
une haute et magnifique tour de forme quadrangulaire, mais qui ne sert guère qu'à loger l'horloge.
L'autre porte, la *Porte de la Fontaine de Nods*, regarde le couchant et est flanquée pareillement, avec
les remparts, d'une tour haute et quadrangulaire, près
de laquelle sont l'hôpital où sont reçus les pauvres
étrangers, et l'école pour la jeunesse.

La cité possède, en outre, non-seulement des rues
propres, pavées de cailloux que lui fournit en abondance le village de Trébief, voisin des faubourgs de
Nozeroy, mais encore une très-grande place publique
et un marché où toutes espèces de marchands offrent
au public les choses d'un usage journalier. Près de
là est le Prétoire. Il y a encore quatre grandes et belles
citernes, trois charmantes fontaines entourées d'une
margelle en pierres taillées avec art et dont rien ne
peut rompre l'union, de belles murailles faites de
pierres carrées et autour desquelles on peut se pro-

mener, un grand nombre de tours séparées les unes
des autres par des espaces égaux, des fossés, des
retranchements, des faubourgs, de charmants jardins
bien cultivés, bien exposés, extrêmement fertiles en
arbres, en légumes, en plantes recherchées par la
médecine, en fleurs odoriférantes et en condiments,
qui, en excitant l'appétit, doublent les jouissances de
la table.

Les habitants de ce lieu sont honnêtes; ils ont la
parole caressante (car leur langue, élégante entre toutes, est suave et courtoise), les mœurs douces, et
professent la vraie piété envers Dieu. Ils sont aussi
guerriers quand il le faut, et d'une fidélité à toute
épreuve envers leur prince. Ils ne négligent point non
plus l'étude, surtout celle des lettres qu'ils appren-
nent parfois avec plus de succès que d'autres, s'ils
sont, dès leur jeunesse, confiés à des précepteurs
érudits. Là fleurit toujours l'école des Belles-Lettres. Le chef de la justice ou bailli, est Jean Chappuis, arbitre expérimenté dans les procès, d'une élocu-
tion facile, au jugement prompt, aux décisions vives.
Antoine Montrichard remplit la place de gouverneur
du château et de la ville.

Nozeroy a donné le jour à un illustre héros, Philibert de Châlon, prince d'Orange, qui surpassait en
talents et en génie tous les autres princes de son
temps, et des hauts faits duquel j'ai préparé une histoire que je publierai avant peu d'années (1). Mais

---

(1) Gilbert Cousin a en effet publié cette biographie, qu'il avait emprun-
tée, tout en la corrigeant, à un manuscrit d'un savant médecin, Dominique Melguituis, qui avait suivi Philibert de Châlon dans toutes ses expéditions.

aujourd'hui, par l'effet des guerres et l'injustice du sort, cette noble race est éteinte.

Notre ville a encore été le berceau du spirituel et charmant Jean du Four, membre du conseil privé du révérendissime et très-illustre archevêque de Besançon. Il eut pour aïeul Bernard du Four, un des chevaliers gardes du corps de Jean de Châlon, qui assista à la bataille de Duren (1) et y perdit même la vie. On raconte que son cheval, voyant son maître gisant à terre, revint tout bridé à Nozeroy, et se dirigea tout droit à la maison, à la grande stupeur et à l'admiration de tout le monde. Quand au père de Jean du Four, c'était en peinture et dans la statuaire un second Parrhasius.

Ainsi disparurent d'autres familles distinguées par leurs richesses et par leur naissance, et dont voici la liste :

Les *Beregard*. On prétend que cette famille a habité là où sont aujourd'hui les jardins des Franciscains.

Les *Elyon*. Ils possédèrent cette maison qui fait angle sur la place aux Bœufs, et que tiennent maintenant les Vuilhemin. Cette lignée existe encore aujourd'hui à Pontarlier et a donné naissance à deux frères d'un grand nom, attachés tous deux à la cour de l'empereur Charles-Quint : Denis Elyon, huissier à verge des vivres et des plats; et Guyon Elyon, intendant de la cave.

Les *Parret*, dont la propriété est aujourd'hui entre les mains de Girard Bardelier.

(2) Cette bataille ou plutôt ce siége de Duren, par Charles-Quint, eut lieu en 1543.

Les *Berepar*. Leur noble demeure s'élevait où est maintenant la place des Franciscains.

Les *Guillaume de Depinet*.

Les *Pierre de Jougne*, dont la fille, qui a épousé Claude Montrichard, est encore de ce monde. On voit encore leurs armes représentées sur les fenêtres de l'église saint-Antoine. L'écusson, d'argent et de gueules, porte dans le champ d'argent une clef de gueules et dans le champ de gueules une épée d'argent.

Les *Nothori* de Châlon. Nous nous rappelons avoir connu Jean et ses deux fils, Bernard et Joachim, ainsi que sa fille Philiberte, qui a épousé Philippe de Baden, mort le 1er août 1548. D'où sont nés Bernard de Baden et Catherine. Leurs splendides maisons existent encore dans le bourg par lequel on descend à la porte de Nods.

Philippe Buguet, qui éleva aux Franciscains une chapelle où ont été déposés de charmants gages d'amitié, et qui l'emporte sur tout ce que j'ai vu en ce genre par la beauté et l'élégance. Il y a surtout un magnifique maître-autel, où le prince Jean de Châlon et Philippe Buguet, assis à une table auprès du Christ, et avec d'autres personnages, sont représentés avec tant d'art et de travail, que les spectateurs s'imaginent voir bien plutôt le prince et Philippe Buguet eux-mêmes que leurs images. Les yeux ont vraiment peine à se détacher d'un pareil chef-d'œuvre. Il y a encore des statues taillées dans un marbre superbe, et des sarcophages renfermant les dépouilles mortelles de Philippe et de sa famille (1).

---

(1) Ce tableau si vanté par G. Cousin, a été retrouvé dans un endroit du val de Miéges. M. D. Monnier en a donné la description dans l'*Annuaire du Jura*, année 1858, p. 125.

Léon Alexandre de Nozeroy, dont le manoir était un bel et grand ouvrage. Il fit élever dans l'église de saint Antoine une chapelle où notre compatriote gît dans un petit tombeau. Il mourut le 17 janvier 1426.

Alexandre de Billecu, questeur général du prince, mort le 20 juillet 1426. Le dernier rejeton de cette race s'appelle Jean. On voit leur sépulture dans notre église, au petit autel, en dedans des grilles.

Les *Magin*, d'où descendent Jean, Nicolas et Alexandre. Nous lisons que ce dernier fut curé de Miéges. Ils fondèrent une chapelle dans l'église saint Antoine.

Les *de Beauchamp*. Jean de Beauchamp fut procureur général.

Les *de Porco*, auxquels appartenait Etienne de Porco.

Les *Cohard*, famille dans laquelle nous trouvons Huet, Ferrut, Jean, et Etienne, ce dernier sacristain de l'église saint Antoine.

Les *Bouvard*, qui donnèrent naissance à Jacques Bouvard, trésorier et conseiller du prince.

Les *Rosiers*. Le dernier rejeton de cette race est Lazare, fils de Jean Rosier, qui en peu de temps dévora tout son bien.

Les *Gomin*, famille dans laquelle nous trouvons Gilbert, mon parrain, attaché à la cour du prince d'Orange, et qui mourut sans postérité.

Les *de Vitry*. Pierre mourut le 24 juillet 1547. Le dernier de cette lignée fut Roger, car tout le reste fut du sexe féminin.

Les *de Ploisy*. Pierre de Ploisy fut régisseur de

Philibert de Châlon, prince d'Orange, et mourut le 7 janvier 1531.

Les *Rémond,* parmi lesquels on compte Laurent, qui fonda une chapelle dans l'église saint Antoine, sous le clocher.

Les *Vermod.* Guillaume devint sous-intendant des comptes et membre du conseil privé du prince Philibert de Châlon. Pierre, son fils, mourut le 8 août 1539. Guillaume Vermod lui a composé cette épitaphe :

> *Vivere qui meruit per longos Nestoris annos,*
> *Vermodus, fit nunc vermibus esca putris.*

Les Vermod possédaient, non loin de la place publique, des maisons construites avec élégance.

Jean de Goult. C'est le seul membre de cette famille que nous ayons trouvé. Il bâtit une chapelle dans l'église saint Antoine.

Escuyer. De ce nom et de cette famille étaient Erasme, Jean, et Guillaume, chanoine de saint Anatoile de Salins.

Mais puisque je parle des morts, qu'il me soit permis d'ajouter ici mon grand père Guillaume Cousin, qui mourut au mois d'avril 1519, et mes deux frères, Étienne et Louis. Le premier, maréchal de camp à Conroy, dans le Brabant, non loin de Namur, après avoir soutenu pendant longtemps contre les Gueldres, un siége commandé par Martin Van Rossen, et convaincu de l'insuffisance de ses forces, finit, faute de secours qui ne lui arrivaient pas, par perdre la place et la vie, en 1542, au mois d'août. C'était, je le jure, un homme digne d'un meilleur sort. Mon autre frère, Louis, succomba, en 1546, les armes à la main dans une expédition anglaise contre les Français.

Il se tient tous les ans, et régulièrement, quatre foires très-célèbres, à Nozeroy, savoir : immédiatement après la Pentecôte, à la Toussaint, à la fête de la Purification, et dans la première semaine du Carême.

En outre, par une ancienne et payenne coutume, à la fête de St-Antoine, à qui notre église est consacrée, une grande multitude accourt des environs, tant pour St Antoine que pour les essaims de charmantes jeunes filles les plus gracieuses et les plus jolies de toute la Bourgogne. Cette journée se passe dans les jeux et les rires, les sauteries et les danses, la joie et les festins, dans les libations, les rixes, et les combats. C'est ainsi que les payens fêtaient autrefois leurs Bacchus. Nozeroy est admirablement disposé pour ces divertissements. En effet, de l'Orient au Midi il a une large place adossée aux murailles, qu'on appelle vulgairement *la Portelle*, et où de beaux arbres fournissent par leurs rameaux magnifiquement déployés, des ombrages où les citoyens peuvent à leur aise et à l'abri du soleil, se récréer sans fatigue ni sueurs.

Hic scuto hostiles ictus eludere discunt,
Quáque hostem contra parte ferire queant.
Arcus ast alius curvat, tenditque subinde
Emittens certa noxia tela manu.

Là, les petits oiseaux, épars çà et là, réjouissent les promeneurs de leurs chants suaves. Certains d'entre eux, chanteurs par excellence, charment tellement les

oreilles qu'on y oublie vite et les peines et les sou-
cis. Badiner là avec un ami, ou s'engager avec lui dans
un charmant et long entretien, c'est la plus grande
volupté. Vous diriez, cher Babet, que ce lieu est fait
pour l'étude, fait pour les muses. De quelque côté que
vous dirigiez le regard, tout semble briller d'une
beauté naturelle, et une certaine joie rayonne de toutes parts, tant sont étincelantes la gracieuseté des clo-
series, la fertilité des champs, la verdure des forêts.

Là, enfin, les malades frappés dans les villes voi-
sines d'affections contractées dans une atmosphère
corrompue, viennent chercher, comme dans l'asile
de la salubrité, cette température douce et agréable
qu'ils ne trouveraient pas ailleurs.

Les armes de notre ville sont : de gueules à la
bande d'or et sur le tout un sapin de sinople embrassé
par un ours grimpant, au naturel.

Mais descendons aux champs.

Nozeroy a en outre trente-six bourgs ou villages
très-grands, et qui ne le cèdent à certaines villes ni
par les cultures ni par les constructions. Parmi eux il
faut citer Miéges, la plus célèbre localité de toutes, et
où l'on admire la grande basilique, sous le vocable de
St-Germain ; véritable gloire pour notre pays, célèbre
depuis longtemps et en tous lieux par sa beauté et sa
magnificence. Les autres bourgs ou villages sont :
Mignovillard, Fraroz, Cuvier, Bief-du-Fourg, Froide-
Fontaine, Mournans, Charency, Doye, Charbony, Onglières, Plénise, Plénisette, Esserval-Tartre, Esserval-
Combe, Censeau, les Grangettes, Boucherans, Communailles, Villars, Essavilly, Longcochon, Molpré, Trébief, Rix, Billecul, La Favière, La Latette (ainsi nom-

mée parce qu'elle est cachée), Cerniébaud, Arsure, Arsurette, Gardebois, Vessoye, Bief-des-Maisons, Patet (ainsi nommé parce qu'il est bien découvert), Bonnet.

Trois de ces bourgs ont leur église, savoir : Mignovillard, Fraroz, Cuvier. Trois ont leur chapelle : Bief-du-Fourg, Froide-Fontaine et Billecul.

Le territoire sur lequel sont assis tous ces villages est très-fécond, soit pour la nourriture des bestiaux, soit pour la culture des céréales. Là poussent, en effet, un excellent blé, le seigle, l'orge, l'avoine, la fève, le pois, la lentille, la vesce, et autres légumes.

Grande est aussi la fécondité des bêtes de somme et aussi des bêtes à cornes qui ne sont pas d'une médiocre utilité pour la nourriture des habitants. Le pays est rempli d'arbres, pommiers, pruniers, noisetiers, poiriers, également cultivés et sauvages. Il est entouré de tous côtés par des montagnes élevées et couvertes de forêts. Il mesure en longueur trois milles et en largeur deux milles. Il est arrosé par trois rivières très-pittoresques et poissonneuses, dont deux prennent leur source à l'occident du coteau, tandis que la troisième, après s'être échappée d'une ancienne combe (1), coule à l'orient, en formant un étang suburbain. Nous lui avons donné le nom de Serpentine, parce qu'elle glisse à la manière d'un serpent et qu'elle fait une foule de circuits et de contours capricieux. De tous côtés on a aménagé des viviers. Mais à une portée de trait, ces trois rivières coulent sur un certain terrain qui est en pente rapide, et là se meuvent sept roues de moulins, qu'on a nommés *Moulins du*

_____

(1) Enfoncement de terrain, vallée étroite.

Saut. Les eaux, en effet, se précipitent en sautant du sommet de la montagne avec une grande impétuosité et un grand fracas, et elles roulent plutôt qu'elles ne coulent.

Grande est encore la quantité des ruisseaux qui coulent dans les vallées, sans compter des sources d'eau très-froide et douce, ainsi que quelques beaux étangs poissonneux, dont le principal, situé aux portes de la ville, nourrit des carpes et des brochets d'une saveur exquise.

Il y avait quelques châteaux qui subirent de grandes dévastations par les calamités de la guerre, et dont il ne reste plus que des ruines. Tel est celui de Molpré, dit Château de Bar. En outre, dans la partie occidentale, auprès du bourg de Charency, on déterre et on ramasse chaque jour de nombreuses médailles romaines. J'en ai vu moi-même plusieurs.

Celui qui aime les bois trouvera, de quelque côté qu'il dirige ses pas, des montagnes boisées qui ceignent le pays (comme je l'ai déjà dit), où il pourra écouter le champ varié des oiseaux. On y rencontre même le cerf timide et fuyard, le lièvre, enfin toute espèce de fauves.

Les bois sont d'un avantage immense en fournissant des poutres très-grosses, très-fortes, et d'une immense longueur, pour la construction des édifices. On y recueille aussi de la résine.

Mais je pense en avoir dit assez sur Nozeroy et sur son territoire.

Au midi est un mont escarpé qui surplombe Sirod, grand et célèbre village, et qui, à la distance de deux portées de trait, sépare notre territoire de celui de

Sirod. On y trouve plusieurs grottes sinueuses, et c'est de l'une d'elles que s'échappe l'Ain de la manière suivante : Quand on descend dans cette grotte, on arrive à l'entrée d'un profond précipice, au fond duquel émerge l'eau par une cavité d'une profondeur inappréciable, et large, peut-être, d'une dizaine de pas. Cet antre est surplombé par des rochers à pic qui glacent d'épouvante ceux qui contemplent cette œuvre grandiose. De ce gouffre immense, l'eau s'échappe en telle abondance que, chose incroyable, la rivière pourrait tenir un vaisseau, n'étaient les rochers et les pierres au milieu desquels elle roule. J'affirme que de ce gouffre s'échappe plus d'eau que n'en verse le Lech dans le Danube, ou l'Aar dans le Rhin. Chez nous on nomme cette rivière la *Rivière d'Ain*.

L'Ain reçoit plusieurs autres courants ; trois de ces derniers appartiennent à notre pays, et se jettent dans le fleuve près de sa source : La Senne, gracieuse et fameuse rivière, qui prend sa source au village de Foncine, qui lui doit son nom, et qui coule dans une vallée rocheuse pour se rendre près de Bourg, en passant par les Planches et Siam ; l'Angelon, comme les habitants l'appellent, atteint l'Ain un peu au-dessus de Pont-du-Navoy. Grossi de cette manière par soixante autres courants, l'Ain, après avoir parcouru la Bourgogne supérieure, qu'on nomme le Comté, arrive dans la partie méridionale et dans la Ségusie, qui est placée entre le Doubs et le Rhône, et va se jeter dans ce dernier fleuve, à quelques milles au-dessous de Genève et au-dessus de Lyon. J'imagine même que le mot composé *Rhodanus* (Rhône), vient de là.

L'Ain nourrit des poissons renommés par la délicatesse de leur chair, la truite et l'ombre, ainsi qu'une quantité considérable d'autres, des muges et des mulets surtout.

Mais puisque nous avons touché à des localités qui sont au voisinage de notre terre de Nozeroy, il ne sera pas absolument mal à propos de dire quelques mots de beaucoup d'autres villes de la Bourgogne supérieure, qui sont autour de ma ville natale, afin de m'attirer les remercîments, non-seulement des hommes de mon temps, mais encore de ceux qui viendront après, puisque, par une fatalité incompréhensible, ni les auteurs grecs, ni les écrivains latins, n'en ont parlé.

D'après l'itinéraire que nous avons choisi, nous partirons de l'Est, c'est-à-dire de l'orient, pour marcher du côté du midi; puis, du midi, nous atteindrons l'occident, et de là nous arriverons au Nord. Cet ordre nous a paru le plus propre à bien décrire la Comté.

A l'orient, vers la droite, du côté de la Savoie, à deux milles, plus ou moins, de Nozeroy, est Mouthe, très-célèbre par la source du fleuve le Doubs, qui l'arrose doucement en passant, et de là va directement à Rochejean, qui conserve le nom de son bienfaiteur, comme cela est arrivé plusieurs fois pour d'autres villes. Mouthe a pour gouverneur Mgr Louis de Syvriach, illustre tout à la fois par la noblesse et par la piété. Rochejean, dont le château est encore debout, est la patrie de nos Vermod, jeunes gens pleins de savoir et d'humanité, et, sans aucun doute, d'un grand avenir. De là, le Doubs, se dirigeant sur le couvent de Mont-Ste-Marie (1), de l'ordre de Cîteaux, parvient, à travers le lac Saint-Point, à Pontarlier, Morteau, Vaufrey et Saint-Hippolyte, d'où, se dirigeant vers le nord, il passe à Montbéliard. De là, retournant dans notre Bourgogne, il arrose l'Isle, Clerval, Besançon et Dole. De sorte que le Doubs prenant sa source entre le midi et l'orient et se jetant dans la Saône entre le midi et l'occident, limite la Bourgogne supérieure des deux côtés à la fois, à l'ouest et au nord.

Mais en voilà assez sur le Doubs.

Dans l'église du *monastère de Ste-Marie*, se voient plusieurs monuments anciens, parmi lesquels tient le premier rang celui des princes d'Orange, comtes de Châlon, et de leurs enfants. Ce monument, fait d'une pierre ressemblant à du marbre, est orné de très-grandes statues. Je ne sache pas avoir rien vu de plus beau, de plus élégant, ou de plus grandiose. Là sont inhumés :

Jean, comte de Châlon, mort le 28 septembre 1266.

Dame *Lora*, sa mère, morte le 27 septembre 1276.

Autre *Jean de Châlon*, mort le 6 février 1300.

Hugues de Châlon, mort le 4 décembre 1322.

Autre *Jean de Châlon*, évêque de Langres, mort le 23 mai 1330.

Béatrix de Vienne, morte le 10 juin 1347.

Marguerite de Melle, morte le 24 décembre 1350.

Jean de Châlon, seigneur d'Arlay et de Cuiseaux, mort le 5 mars 1361.

(1) L'abbaye du Mont-Sainte-Marie a été fondée par Gaucher IV, sire de Salins, mort en 1219.

Louis de Châlon, mort outre-mer le 6 décembre 1367.

Hugues de Châlon, mort le 30 novembre 1388.

Henri de Châlon, seigneur d'Arguel, mort dans les rangs de l'armée du roi de Hongrie, qui marchait contre les Sarrasins, le 2 septembre 1397.

Hugues de Châlon, fils de Jean de Châlon, seigneur de Saint-Laurent, mort après son père, le 25 juillet 1400. Sa succession a donné naissance à un très-grand procès.

Jean de Châlon, prince d'Orange, seigneur d'Arlay, mort à Paris le 2 septembre 1418.

Eléonore, princesse d'Orange, dame d'Arlay, fille du comte d'Armagnac et d'Isabelle, fille du roi de Navarre ; morte à Nozeroy le 11 décembre 1456.

Louis de Châlon, prince d'Orange et seigneur d'Arlay, mort à Nozeroy le 13 décembre 1463.

Hugues de Châlon, seigneur de Château-Guyon, mort à Nozeroy le 3 juillet 1469.

Louis de Châlon, seigneur de Nozeroy et de Château-Guyon, mort dans les rangs de l'armée du prince Charles de Bourgogne, à la bataille de Granson, le 2 mars 1475.

Jean de Châlon, prince d'Orange, eut deux femmes : Jeanne de Bourbon, qui mourut le 15 juillet 1493, et Philiberte de Luxembourg, qui donna le jour à Claude, femme de Henri de Nassau, comte de Vienne, et mère de René. Jean de Châlon eut encore de cette seconde femme : le prince Claude et le prince Philibert. Ce dernier mourut le 3 août 1530 ; Claude succomba le 8 novembre 1500. Philiberte de Luxembourg alla elle-même de vie à trépas, en 1540.

Guillaume de Vautravers, noble et généreux, quitta l'office d'infirmier de Baume, pour devenir, le 13 décembre 1555, abbé du monastère de Sainte-Marie, après la mort de Louis de Vers, abbé, qui avait été inhumé au même lieu et dans un tombeau particulier, le 5 décembre 1553.

De Rochejean, en allant droit devant soi, et en cotoyant le Mont-Jura, on arrive à Jougne, très-ancienne place, assise sur une colline élevée et escarpée, sur la frontière de la Savoie, couverte de neiges et d'épaisses forêts. Là, j'ai deux sœurs, dont l'une, Jeanne, mariée à Jean Caffoz, gouverneur du dit lieu, et l'autre, Marguerite, a épousé Etienne Grasset, protoscribe. C'est en ce lieu que se trouve le passage du Mont-Jura, où se perçoit un droit sur les choses qui sont exportées ailleurs. Les faubourgs de cette ville, à l'occident, sont appelés les Hôpitaux, nom qui a même été donné à un village voisin. On pourrait ériger ce monument en l'honneur des habitants de Jougne :

> *Mons erat incultus simul, et deserta manebat*
> *Præda latrocinii regio tota prius.*
> *Ædificat tandem turres et mœnia Cæsar,*
> *Hinc urbs ex illo Junia nomen habet,*
> *Quam Numerosa colit plebs, nunc Mavortis alumna*
> *Subdita magnanimi Cæsaris imperio.*

On trouve dans le pays de Jougne grand nombre de fourneaux où l'on fabrique le fer.

De Nozeroy, en prenant à gauche, on arrive bientôt au village de Frasne, qui doit son nom à la grande abondance de cet arbre, appelé frêne.

Puis, on voit La Rivière, patrie de notre Claude Frontin. Son nom lui vient de ce qu'elle est bâtie sur les bords d'un grand lac très-fécond en brochets et autres poissons, et que de l'autre côté elle est baignée par une petite rivière qui vient du lac (1). Les habitants qui traduisent *ripa* par *rive,* et *riva* par *rivière,* ont changé P en V. Ce village possède un territoire très-fertile, semé de bourgs nombreux, et un autre lac souterrain, œuvre et jeu admirables de la nature. Il s'est formé sur l'eau un limon qui s'est tellement durci qu'il semble ne former qu'un tout. Les chevaux et les voitures ne s'y aventurent pas sans danger, mais on peut sans crainte le traverser à pied. Dans les temps pluvieux et nuageux, l'eau ne brise pas sa barrière et ne s'échappe pas au dehors; mais que le ciel se mette au beau, et l'on verra bientôt le lac, qui a grossi en très-peu de temps, faire irruption et arroser la campagne environnante. Il y a là aussi une montagne élevée qui domine à l'orient, et des flancs de laquelle s'échappent des ruisseaux qui vont se précipiter dans le lac.

Entre Nozeroy et La Rivière, existe un autre lac, celui de Bonnevaux, abondant en brochets, en perches, et autres poissons, et qui tous les sept ans disparaît et se cache pendant quelques semaines pour apparaître de nouveau. Ce qui tient du prodige et impose la croyance.

Du lac de Bonnevaux, nous parvenons à ces murailles élevées d'une belle ville, à laquelle on a donné le nom de Pontarlier, c'est-à-dire *Pons prope arcem,* Pont près du château. Bâti dans la partie la plus basse de deux montagnes, sur les bords du Doubs,

(1) Cette rivière se **nomme** *Le Drugeon.*

Pontarlier est le pays natal et la patrie du très-érudit, très-éloquent, et protecteur des études, Henri Colin, conseiller de l'Empereur Charles-Quint, et vice-président à Dole. Il a aussi donné le jour à Baptiste Colin, habile jurisconsulte. Il y a dans cette ville trois paroisses et un monastère d'Augustins.

Près de Pontarlier, on voit le château de Joux, très-bien fortifié et inexpugnable, assis sur une éminence qui paraît d'autant plus haute qu'elle fait partie elle-même d'un terrain fort montueux. Il est si difficile de la gravir qu'on a peine à concevoir qu'elle puisse être prise d'assaut. Une multitude de Suisses, un grand nombre de nos aïeux, et plus d'un malheureux de notre époque y ont été massacrés. Le gouverneur actuel de Joux est Antoine de Laubépin, seigneur de L'Isle, et de l'ordre des Chevaliers.

A gauche de Pontarlier, est la petite place d'Usier, ayant un château et quatre bourgs, dont les habitants sont renommés par leur esprit railleur et facétieux. On se raconte souvent leurs faits et leurs mots plaisants.

D'Usier on va tout droit à Vercel, dont les remparts sont tombés en ruines. Là est né Girard Burnel Vercellances, aussi intègre qu'érudit. Il mourut à Paris en 1544 (1). Il y a en Italie, sur les rives de la Sesia, une ville de nom.

(1) Gérard Vercellanus a chanté l'entrée à Paris de Charles-Quint. Il a composé aussi pour Louise de Savoie, mère de François Ier, qui mourut le 22 septembre 1531, l'épitaphe suivante :

Grandia nosce cupis? Paulum subsiste viator,
Ex tumulo Allobryx hoc Lodoica jacet.
Clauditur hostilis natus dum carcere tentus,
Rebus et accisis Gallia nulla prope est.
Etc., etc.

On n'a pas grand chemin à faire alors pour atteindre Morteau, grande ville, mais dépourvue de remparts, qui doit son nom à cette circonstance d'être tombée, elle, ses bourgs et ses dépendances, en servitude main-mortable. Le droit de propriété main-mortable de ces biens a été, en effet, réglé par les principaux des monastères de ce lieu, de telle manière que pendant leur vie les habitants devaient obéissance à la place du bénéficiaire, et qu'à leur mort ils apportaient leur pécule au seigneur. Le Doubs coule avec calme sur ce territoire (1), arrosant plus de dix-huit bourgs.

De Morteau, nous allons tout droit à St-Hippolyte, votre pays natal, cher Babet, ville ceinte de toutes parts par des montagnes posées là comme par la main de l'homme. Elle tire son nom de St-Hippolyte, patrice romain et martyr chrétien, qui, tout jeune, voua une haine éternelle au sexe féminin, s'adonna tout entier aux études en méprisant le pouvoir de Vénus. Vous aussi, cher Babet, vous avez suivi cet exemple vous qui

De Vénus ne parlez qu'avec modestie.

Au reste, le territoire de St-Hippolyte était autrefois boisé; mais comme il était riche en mines de fer, les forêts ont été abattues pour l'alimentation des forges et pour les travaux métallurgiques; et ainsi furent mises à découvert des plaines propres à la culture. Les habitants sont forts, bien constitués, parviennent à un âge avancé, et la vieillesse, si elle n'est pas accompagnée

(1) Le monastère de Morteau, contigu à l'église paroissiale, était occupé par les Bénédictins réformés.

de décrépitude et d'infirmités, ne les empêche pas de continuer leurs travaux. Ils ont la taille plus élevée que les autres Bourguignons, et sont vaillants à la guerre. Les paysans sont habiles en agriculture et dans les ouvrages à la main. Ils fabriquent en bois des ustensiles de ménage qu'ils vendent aux environs.

D'après l'ordre que nous nous sommes tracé, nous nous avancerons maintenant de l'orient au midi.

A un mille de Nozeroy est Bourg-de-Sirod, bâti sur un monticule dont le pied est baigné par l'Ain qui coule là aussi tranquillement que possible pour s'avancer sur Champagnole. Il est à moitié détruit, car Amboise en renversa les murailles. Son marché a été transporté à Sirod qui n'est qu'une espèce de petite ville. C'est la seule place de la Bourgogne supérieure qui ait conservé son nom antique. En effet, dans l'origine, les Bourguignons eurent des places fermées assises sur les lieux élevés, et bâtirent sur les hautes collines beaucoup de villes que, en langue germanique qu'ils parlaient alors, on nomme *Burg*, mot qui vient évidemment de *Pyrgo*, car πυργος veut dire tour, château et remparts. Les Romains appelaient aussi *Burgus* un château fort. C'est Végèce qui nous l'apprend. Mais les autres châteaux-forts, ou plutôt les villes (car dans les temps anciens, places, forts et forteresses sont pris pour villes), ont été, après les fréquentes incursions et les ruines qu'ils ont subies de la part des ennemis, ou après avoir acquis un grand développement, baptisés d'un nom nouveau tout en conservant l'ancien. Je citerai pour exemples, Salins, Nozeroy, Arlay et bien d'autres encore, qui sont encore partagés en deux parties, le Bourg-dessus et le Bourg-dessous. Il est arrivé encore par là que les habitants des cités, des places fermées, et de l'enceinte des murailles fortifiées et défendues par des tours, ont été appelés par les Germains et par nous-mêmes *Burger* ou *Bourgeois*, comme disent les Français. De plus, les cités de ce genre sont fréquemment appelées par les habitants des faubourgs, *Bourgs (Burgi)*; d'où nos Bourguignons ont tiré leur nom.

Près de Bourg-de-Sirod, sur une colline plus élevée, on voit deux châteaux-forts, contigus, appelés tous deux Château-Vilain. L'un appartient à Jean de Poupet, l'autre à Adrien de Joux, seigneur de Falon, aussi illustres par l'éclat de leur naissance que par les dons de l'esprit.

A un mille de Château-Vilain, sur la gauche, se dresse la Chaux-des-Crotenay, place célèbre, bâtie sur une montagne extrêmement élevée, et fortifiée tout à la fois par la nature et par les hommes. A ses côtés existe un hameau du même nom. Cette place nous a donné, issu de la grande et illustre famille des Poupet, le digne et vénérable Guillaume de Poupet, abbé de Baume, de Gouailles et de Balerne, dont je ne publierai pas ici les louanges, puisque sa piété, sa vertu et sa clémence, sont connues en tous pays et n'ont pas besoin d'être proclamées. Ce lieu a encore donné le jour à Jean de Poupet, frère de Guillaume, chevalier illustre et commandeur de l'ordre d'Alcantara, chambellan de notre bon et doux prince, l'empereur Charles-Quint, auprès duquel il fut tout puissant.

Près de la Chaux-des-Crotenay est Foncine, très-grand village, semé de maisons de campagne, ainsi nommé parce que la rivière la Senne y prend sa source, mettant en mouvement, tout le long du village, vingt-sept roues, soit pour des meules, soit pour des scies. Là se fabriquent des vases en bois propres aux usages domestiques.

Après vient le Grandvaux, semé de tant de villages qu'il y en a presque à chaque pas, et où l'on voit trois lacs très-poissonneux, dont l'un a emprunté son nom au pays lui-même ; le second (et le village qui l'avoisine), a été appelé le lac des Rouges-Truites, à cause de la grande quantité de ce poisson qu'il nourrit ; le troisième, enfin, a été baptisé du nom de l'Abbaye, qui. est la métropole de Grandvaux. Tout proche on aperçoit un bourg appelé le Voisinal (1).

Simile est hominum genus hoc, servileque solum.

On tient en grande estime les chevaux au pas d'amble de ce pays. Les chiens y sont très-féroces.

Un peu au-dessous de la Chaux-des-Crotenay, se trouve le couvent des Chartreux, que nous appelons Bonlieu, et dont l'église paroissiale a pour curé notre Etienne Tornond.

Non loin de là est Clairvaux, ville bâtie près de l'Ain, où la laine est préparée, tirée et façonnée, et convertie par le tissage en étoffes. Là est un couvent de Dames Carmélites. Là sont nés Jean Bondieu et Antoine Favernier, recommandables entre tous par leur savoir.

Sur ce territoire, et non loin des Chartreux, se

---

(1) L'abbaye de N.-D. de Grandvaux a été bâtie vers la fin du Vᵉ siècle par Authert et Didier, moines de Condat, dans un îlot du grand lac, fort près de la rive nord-est. On y arrivait par une jetée de terre.

voient de grands lacs, plusieurs et vastes marais, et
des rivières qui abondent en poissons savoureux.
Les Chartreux touchent au premier lac. Près de ce
dernier s'élève sur un rocher une chapelle dédiée à
saint Vincent, et qu'on appelle Prieuré de Mouthe. Le lac n'excède pas deux mille pas de tour, et
tout près il y en a deux autres moins grands, mais
aussi agréables par eux-mêmes et leurs alentours. On
les appelle les lacs du Maclus, dont l'un, pourtant,
à cause de sa plus grande étendue, a reçu le nom
de Grand-Lac. Un troisième, appelé le Lac de Narlay,
est d'une profondeur presque incroyable; son eau est
limpide et nourrit plusieurs espèces de poissons. Le
lac de Vernoy est le quatrième et n'est pas loin du
précédent. Enfin, à l'occident se trouvent cinq autres
nappes d'eau semblables : deux portent le nom de
lacs de Chambly; le troisième, celui de Fioget; le
quatrième touche presque à la ville de Clairvaux; le
cinquième est connu sous le nom de lac de Bou-
chault.

De Grandvaux, on arrive, après un trajet de trois
heures, à St-Claude, appelé ainsi en mémoire de
St-Claude, natif de Salins, archevêque de Besançon,
qui mena en ce lieu une vie solitaire, dans une abs-
tinence qui tient du prodige et dans des macérations
corporelles. A son tombeau, objet de vénération, accourt de tous côtés une grande multitude. Plusieurs
chrétiens solitaires fréquentèrent cet hermitage, et
d'abord Eugende et Lupicin, prédicateurs de l'Evan-
gile. Ce fut en leur honneur que Chilpéric Ier, roi de
Bourgogne, fit construire un monastère, célèbre dans
le monde entier, sépulture de quelques rois. L'abbé

de ce monastère est aujourd'hui Philibert de Rye (1), évêque de Genève, noble de race, plus noble encore par son érudition. Les habitants de St-Claude font un négoce qui n'est pas de peu d'importance, avec le buis et d'autres racines dont ils fabriquent des cuillères, des flûtes, des trompettes, des chapelets, des trompes, et d'autres objets qui s'exportent dans le monde entier.

Non loin de St-Claude est Moirans, ainsi appelé, j'imagine, parce que de saints personnages y ont demeuré quelque temps. Il abrite aujourd'hui des hommes d'une grande intelligence et d'une grande vigueur.

A un mille et demi de Nozeroy, sur la droite, se trouve le bourg de Vers, sur l'Angelon, où est un remarquable château, et un parc clos de tous côtés par un mur, où paissent des daims, des cerfs aux longues cornes, des lièvres et des lapins. La rivière et les étangs qui baignent cette place, la rendent très-fertile et en font un excellent lieu de chasse. Heureux pays qui l'emporte sur les autres localités de la contrée par sa température printanière et par l'exubérance de la végétation. On serait assez de l'opinion de ceux qui font venir *Vers* de printemps *(Verna).*

---

(1) Philibert de Rye, abbé de St-Claude, prince de St-Eugende, habile jurisconsulte, célèbre philosophe et théologien, protecteur des Lettres, mourut âgé à peine de quarante ans, au château de la Tour-du-Meix, le 19 juillet 1556 Il fut enterré à Genève, à côté de son frère aîné, Louis, également évêque de Genève. C'est Gilb. Cousin lui-même qui donne ces détails dans ses poésies (Opera mult., etc. t. I, p. 407). Une inscription murale placée dans le sanctuaire de l'église de St-Christophe, a été consacrée à ce grand personnage. (Voy. M. Monnier, *Annuaire du Jura*, 1858,

Le château de Mont-Rivel n'est pas loin de celui de Vers. Il est bâti sur une montagne très-escarpée, célèbre par les jaillissements d'eau et par les sources bouillonnantes qui surgissent de son sommet. Les voyageurs contemplent les ruines de ce château démantelé par les guerres, et méditent de loin sur ces constructions faites de pierres taillées carrément, mais recourbées en arc de cercle. Il y a là un escalier en spirale qui conduit aux combles (1).

Sous Mont-Rivel, du côté du Midi, est Champagnole, ville fortifiée de tous côtés par la nature, et près de laquelle coule l'Ain. C'est la patrie de Grand-Jean Probus, ingénieur militaire très-remarquable.

A l'Orient, on rencontre le bourg de Equevillon; au nord, celui de Vannoz; près de ce dernier, Balerne, monastère de l'ordre de Cîteaux, entouré partout de montagnes, à l'exception, néanmoins, de l'occident.

Bientôt, sur le sommet d'une montagne voisine, en tournant vers l'ouest, on découvre un très-beau château, que nous appelons le château de Mont-Saugeon, peu considérable autrefois, ainsi que le prouvent ses anciennes murailles; mais Hugues de Montbardon y a bâti de magnifiques édifices. L'Ain baigne le pied de cette montagne au nord; à l'orient et au midi.

A l'occident s'élève le très-grand bourg de Crotenay, qui relève de Mont-Saugeon.

Non loin de là est l'antique petite place de Monnet-

---

(1) Bâti sur une montagne isolée et de forme triangulaire, le Mont-Rivel protégeait Champagnole au nord. Ce château appartenait aux Commercy dans le xiiie siècle, et passa, en 1301, dans les possessions de Jean de Châlon, sire d'Arlay.

la-Ville, assise pareillement sur une montagne, et presque tombée en ruines de vétusté (1). Elle a sous sa dépendance quatre bourgs, parmi lesquels : Pont-du-Navoy, près de l'Ain, et le château de Châlain, près du lac de Marigny, entouré de hautes montagnes au nord, au levant, et au midi, et au couchant par le lac lui-même. Près de ce château est le bourg de Marigny. Ce pays est arrosé par les eaux limpides de l'Ain, qui lui donne son nom, et est fermé à l'occident par une montagne escarpée. Sur ce territoire, se voient quatre autres petites places ou châteaux, très-rapprochées les unes des autres, dont deux, Valempoulières, dépendante de Vers, et Montrond, dépendante de Mont-Rivel, sont aujourd'hui tellement réduites par la misère et tellement ébranlées par le fait des guerres, qu'on n'y voit guère que ruines et décombres. Elles ont toutes deux sous leur dépendance des bourgs du même nom. La troisième place se nomme Mirebel; elle étale encore, dans ce pays de ruines, son château en partie debout. Aucune place de la Bourgogne ne montre des ruines plus dignes de mémoire :

Sic fortuna potens regales sœpius arces
In miserias vertit fucta inimica casas.

Mais notre esprit se refuse à s'étendre plus long-temps sur les ruines de notre pays.

Un quatrième château a nom de Châtillon, intact aujourd'hui, lui et son bourg, et bien fortifié. On

(1) La seigneurie de Monnet avait haute, moyenne et basse justice, et fut transmise par les sires de Vienne aux barons de Beauffremont.

compte dans ce pays quatre places ou châteaux de ce nom, mais pour le distinguer des autres, ce Châtillon a reçu le nom de Châtillon-sur-Courtine, ou Châtillon-sur-l'Ain. Il est tout près, et du côté du midi, de St-Sorlin, baigné par l'Ain, bâti sur une élévation, et la première de ces petites places. Son château est très-ancien. Cependant sa vétusté ajoute encore à sa beauté.

Vient après la Tour-du-Meix, avec ses ateliers pour le travail de la laine. Elle a des murs minces et légers, mais rattachés et attenants de toutes parts, et solidement, aux édifices, de sorte que personne ne peut en approcher ; système ordinaire aux villes de la Ségusie, mais qui est le plus mauvais de tous pour les cités, et qui apporte un grand dommage aux citoyens dans les temps de siége. Monseigneur de St-Claude a là un château suzerain (1).

A la Tour-du-Meix, et à gauche, succèdent Arinthod et Fétigny, qui se distinguent par les draperies et par la fabrication de bonnets, de capuchons et d'autres articles analogues ; Gigny, célèbre monastère fondé à grands frais par Bruno, fils de Chilpéric, et que les princes, qui vinrent dans la suite, ont augmenté, enrichi et agrandi d'une manière admirable par des rentes et des dons (2).

A droite, on découvre Orgelet, florissant par son commerce, et dont les habitants sont industrieux, s'adonnent au négoce, et se livrent à l'apprêt des laines. Une partie de la ville, avec son château, est bâtie sur

---

(1) G. Cousin fait ici allusion à Philibert de Rye.
(2) L'*Histoire de l'abbaye de Gigny* a été écrite par le docteur Gaspard, et publiée en 1843.

un monticule ; l'autre est assise à la base de ce coteau, dans une plaine. C'est dans ce lieu qu'est née ma mère, Jeanne Daguet ; c'est là aussi qu'ont vu le jour des hommes d'une grande intelligence et d'un profond savoir : Etienne Rodet, Claude Malleolus, principal de l'Académie de Bourg-en-Bresse, Guillaume Laurent, les frères Antoine et Claude Michel. Ce dernier a étudié la coutume d'Orléans et faisait espérer une grande érudition. Mais par un coup injuste du sort, ce jeune homme a été enlevé en cette année 1550. Il n'avait pas encore atteint sa vingt-cinquième année. Les premiers aujourd'hui de la ville d'Orgelet, sont : Pierre Moretz, seigneur de Virechâtel ; Adrien Moretz, seigneur de Toysia ; et Humbert Moretz. Le sol n'est nullement fertile, parce que avec ses collines et ses vallées continuelles, il est non-seulement alternativement élevé et enfoncé, mais encore couvert de roches et de pierres. Aussi, lui applique-t-on ordinairement ce proverbe : Rivières sans poissons, montagnes sans forêts ni bois.

Ajoutons ici St-Julien, consacré à Julien d'Antioche, chrétien et martyr, et qui se trouve proche et à moitié chemin de Bourg-en-Bresse et d'Orgelet.

Montfleur, sur une haute montagne, bien défendu naturellement, avec une vallée féconde et jolie.

Chavannes, place ruinée et presque détruite par vétusté.

Maintenant, nous nous dirigerons du côté de l'occident, ainsi que nous nous le sommes proposé.

Un peu au-dessous de Valempoulières, existe une place bâtie sur un rocher élevé, sans aucunes murailles. On l'appelle vulgairement la Châtelaine ; son antique noblesse est attestée par des ruines et par un temple encore en partie debout. Cette place est maintenant presque réduite à l'état de hameau, et dans le château lui-même s'étalent des jardins. Le rocher sur lequel la Châtelaine est assise est percé d'une caverne pas très-profonde, d'où s'échappe à gros bouillons un ruisseau très-abondant en truites et qui tombe dans la vallée d'Arbois. Très-aride est ce lieu, car l'eau y manque jusqu'à ce point qu'on y chercherait en vain un puits ou une fontaine (1).

Mais de la Châtelaine nous descendons tout droit à Arbois, qu'on peut compter parmi les belles places. Situé dans un lieu charmant, et célèbre par l'abondance de toutes choses et par ses vins, les premiers du territoire, qui se bonifient encore en vieillissant, Arbois est enlacé de tous côtés par de grands faubourgs ; il est ceint de fossés, mais de fossés cultivés en jardins. Autour sont des montagnes extrêmement agréables par l'aspect des fontaines, des vignobles et des arbres. De là le nom d'*Arbois,* dérivé de *Arbor,* arbre. Le pays est aussi tellement fertile en fruits qu'il ressemble presque à un clos d'arbres fruitiers.

> *Pecori acceptissima tellus*
> *Est alibi gramenque virens hinc mittit alendo.*
> *Hic templum genitrici ingens, cui sculpta vetusto*
> *Marmore stat facies, spiranlque in marmore vultus.*
> *Dethera quid purum memorem? Cœlique salubris*

---

(1) La forteresse de la Châtelaine, qui existait dès l'année 1097, servait de défense à Arbois.

Hinc tenues aures, quas ducti ad sidera montes
Aspirant? (1)

Trois hommes illustrent aujourd'hui particulièrement cette ville : Claude et Mercurin Jalon (2), et
Alexandre Glarine, chanoine dans l'église Notre-Dame.
Les gorges délicieuses de la vallée d'Arbois, qui re-
gardent l'occident, étalent des prés qui vont jusqu'aux
remparts du château de Vadans. On ne peut se faire
une idée de la beauté du pays d'Arbois et de Vadans,
de sa fertilité et de l'abondance de toutes espèces de
fruits qui y croissent. Vadans est lui-même bâti sur
une montagne couverte de vignes. Tacite, au livre
xxi des Annales, appelle Vadans une ville de la Batavie,
située sur le Rhin, entre Cologne et Trèves, là où le
Rhin se divise pour former les deux fleuves, le Lech
et l'Issel. Aujourd'hui, c'est Wagreningen (3).

Dans le pays d'Arbois, on se sert de cuves à vin
tellement grandes qu'elles paraissent égaler en hauteur les maisons.

A deux milles ou un peu plus d'Arbois, du côté de
Dole, à l'extrémité, mais au centre même de la vallée
de la Loue, et regardant de cette manière toute l'é-
tendue et la largeur de cette vallée, sont deux châ-

---

(1) A Arbois, on répète encore ce dicton populaire :
  A Arbois on y rit, on y danse, on y boit,
  Et par les riais rues, des Pécault on y voit.

(2) Claude Jalon, jurisconsulte distingué, était attaché au duc de Lorraine

(3) Ce n'est pas dans les *Annales*, mais bien dans l'*Historiarum* (lib v,
cap. 21) que Tacite fait mention de cette ville de Vadam. Quant au Vadans jurassien, c'était un très-fort château aux sires de Vadans, ensuite
aux comtes de Vergy, puis, en 1559, à la maison de Poitiers, plus tard
à M. de Choiseul de La Baume, qui en hérita.

teaux antiques, distants d'un mille au plus du château de Vadans et des monastères de Rosières, ordre
de Cîteaux, et d'Ounans. On les appelle les châteaux
de Vaudrey, en mémoire des Vaudrey, héros illustres par leur naissance et par leurs exploits (1).

De ces châteaux il n'y a pas loin pour atteindre
Belmont et la Loye, très-grands bourgs sur la Loue,
sur le chemin qui va à Dole, ville dont nous allons parler
tout de suite, puisque nous n'en sommes qu'à deux
milles. Rappelons seulement que le nom de Belmont ou
Bergmund est germain, et qu'il vient de *montagne* et
de rivage près de la montagne, car *Berg* veut dire *montagne*, et *Mund* correspond au mot grec αχτή et au latin
ora que Pline emploie presque toujours pour signifier
littoral. Cette locution lui est presque particulière : « les
cités sont sur le littoral, les places fortes tout près
du littoral. »

La ville de Dole est la plus célèbre de toutes celles de
la Bourgogne. C'est la mère nourrice du droit, la
mamelle des études. Bâtie sur le Doubs qui se divise

---

(1) En 1837, en démolissant une partie de l'église de Vaudrey pour la
réparer, on découvrit, à l'un des angles de la voûte, et scellée dans la
maçonnerie, une longue caisse de bois de sapin, qui tomba en poussière
dès qu'elle fut à l'air. Cette caisse contenait plus de 40,000 pièces de
monnaie de billon appelées petits parisis et petits tournois, appartenant
au règne de Philippe V, dit le Long, et de Louis X, dit le Hutin. Elles
datent par conséquent de 1314 à 1322. Dans la Chapelle seigneuriale on
conserve une pierre tumulaire fort belle, qui couvrait le corps de Maximilien de Vaudrey. On y lit : Cy gist messire Maximilien de Vaudrey, en son
vivant chevalier, seigneur dudit lieu, la Chassagne, chamberlland ordinaire
de l'empereur Charles, V de ce nom, qui trespassa le 25 octobre XVe XLV.
(Voy. *Annuaire du Jura*, année 1857, p. 183.)
Les Vaudrey appartiennent à la race la plus chevaleresque du comté de
Bourgogne. La devise de cette illustre maison était :
        J'ai valu, vaulx, et Vaudray.
Le dicton : *Coup de lance des Vaudrey*, est encore en usage.

là en deux branches, elle occupe la plus belle situation qu'on puisse imaginer, se déployant à la vue d'un seul coup d'œil. Ce serait de ma part une grande faute que de passer cette ville sous silence; car c'est là que j'ai commencé mes études sous Pierre Phœnix, bien vieux aujourd'hui, vénérable membre du Parlement, et sous Jacques Lestrœus, tous deux éminents par la variété de leur érudition.

Non loin de Dole s'élève la petite place de Rochefort, qui fut assiégée et prise par Amboise, le 17 mai 1479, sous le règne, en France, de Louis XI. De Rochefort, Amboise s'avança sur Dole, s'en empara par la force, et l'incendia le 27 mai. Néanmoins :

> *Major nunc fossis pars est munita profundis,*
> *Vallaque sunt forti vix adeunda viro.*

Mais depuis, presque rétablie dans ses ponts, dans ses murailles, dans ses étonnants remparts, et dans ses somptueux édifices, Dole est devenue plus magnifique encore et invincible. L'empereur Charles-Quint y appela au gouvernement Jean d'Andelot, illustre chevalier, expert en art militaire, célèbre enfin par ses exploits et sa vertu guerrière. Rien ne manque dans cette ville de ce qui fait la splendeur des cités. Voici d'abord le Doubs, limpide, qui baigne le côté gauche de la ville. On y voit avec un vif plaisir des monuments et des églises construits avec magnificence. Le même charme s'attache aux célèbres Académies admirées dans le monde entier, lesquelles, fondées il y a cent trente-deux ans, et favorisées de priviléges du pape Martin V et de Philippe, duc et comte de Bourgogne, sont un centre où l'on enseigne avec soin,

dans toute leur pureté, les sciences et les arts libé-
raux. Elles ont d'illustres professeurs, parmi lesquels je
citerai le théologien Antoine Lulle, homme qui pour
l'intégrité de sa vie, sa singulière prudence, sa rare et
incomparable érudition, m'est tellement cher, que je ne
sais si je trouverais jamais un ami plus affectionné ; le
théologien Philibert Poissenot, régent du collége de St-
Jérome, d'un savoir et d'une piété au-dessus de toute
controverse, notre ami particulier (1) ; Réné Perrot,
habile médecin, versé dans le latin et dans le grec ;
J. Morisot, très-expérimenté en médecine et dont l'éloquence et l'érudition sont, je pense, assez connues par
les œuvres de son intelligence (2) ; Pierre Vacher ; Pierre Petit ; Louis Montjeu de Boisset, et Claude Musus, jurisconsultes dignes de louanges par leur érudition et
leur sagesse dans les affaires civiles ; Laurent Privée,
helléniste et passionné pour l'étude, qui fait chérir les
bonnes mœurs à la jeunesse et leur montre le chemin

---

(1) Philibert Poissenot, savant philologue, était né à Jouhe, près de
Dole, au commencement du xvie siècle. Il embrassa la vie religieuse
dans la congrégation de Cluny et obtint par ses talents la bienveillance
de l'empereur Charles-Quint, qui lui confia plusieurs missions honorables.
Nommé principal du collège de Dole, il fut en même temps revêtu du
titre de vice chancelier de l'Université de cette ville, où il mourut en
1556. C'est à Poissenot qu'on est redevable de la publication de l'histoire
de *Guillaume de Tyr*, qu'il fit imprimer à Bâle en 1549 ; in-fol Il la
dédia à Christ. Coquille, grand prieur de Cluny, par une épître qui contient des détails curieux sur l'histoire littéraire du xvie siècle.

(2) Jean Morisot fut exclu de sa chaire de l'Université de Dole sous pré-
texte qu'il cultivait la poésie et ne pouvait être un médecin instruit. L'E-
pitome de Gessner donne la liste de tous ses ouvrages (fol. 475, vo).
Nous citerons seulement : 1. *Ciceronis paradoxa cum Græcâ interpreta-
tione* ; Bâle, 1547 ; 8o-2. *Hippocratis aphorismorum genuina Lectio* ; Bâle
1547 ; 8o-3. *Colloquiorum* Libri IV ; Bâle 1559 ; 8o-4. *Libellus de Pere-
chemate contra Ciceroni enluminatores* ; imprimé à la suite de l'ouvrage
précédent.

des belles-lettres. Mais au moment où je rédige ces notes, voici un messager qui annonce partout (proh ! Dolor !) que Laurent Privé vient d'être enlevé à ses travaux
et aux choses de ce monde, le 12 février 1550. Sa mort
a inspiré ce chant élégiaque à notre Morisot :

Laurenti Privœ jaces, terrœ inclita fama,
  Lingonicœ, rapuit quem fera Parca Dolœ.
Te Lullus deflet, luget Morisotus, amici
  Suspirant alii, discipuli lacrymant.

Mais, que dirais-je de ce grand, sage, prudent, et
sacré tribunal, qu'on appelle le Parlement, siége de la
juridiction suprème du comté de Bourgogne ? Me taire
me semblerait plus sage que d'en dire peu de chose.
Il m'est pourtant impossible de me contenir et de ne
rien ajouter. Nulle part je n'ai vu corriger aussi sévère-
ment les mœurs, ou juger avec autant d'intégrité.
Là siégent des hommes, les premiers dans tous les genres de savoir, les premiers à honorer et à louer. Tels
sont : Pierre Desbares, Mgr de Parret, président,
tous deux chevaliers illustres, et admirés par leurs
concitoyens comme ils le sont loin de leur pays ;
Claude Montfort, Jean Dachey de Toire, tous deux d'un
esprit supérieur; noble sire Guy de Poligny, seigneur
de Gomerans, chanoine à la cathédrale de Besançon ;
Jean de la Tour ; Henri Colin, vice-président; Etienne
Clerc; Jean Courvoisier; Etienne Faucher; Lucas Chaillot ; Nicolas Chappin ; Pierre Sachet ; Charles Grand-
Jean ; Pierre Vachard, Jean Colardot; et Pierre Poly.
Tous ces hommes illustres, je voudrais bien les louer,
mais je crains ce que dit Horace :

Laudes tantas culpa deterere ingenii.

Tels sont encore les avocats fiscaux ou royaux :
Fernand Séguin, Jean Chappuis, Martin Benoît, procureur général, renommé par son talent et sa prudence, François Carré, son substitut.

Les greffiers du Parlement, que Budée appelle *Actua-*
rii, à cause des actes de la Cour, sont : Étienne Bernard, Claude Lesme, et Jean Camut, fidèles et intègres.
Ils reçoivent les arrêts et les transcrivent, de peur
que les souvenirs fugitifs des hommes et la fragilité
de notre vie ne fassent tort aux parties. Ensuite ils
signifient les décrets du Parlement aux plaideurs, ils
reçoivent leurs mémoires, et en donnent lecture à l'assemblée, qui connaît de toutes les causes et juge sans
appel. Il n'est pas permis, en effet, de se pourvoir
contre ses arrêts, mais on en appelle à lui de tous
les autres jugemens.

Mais assez sur le Parlement.

On a construit à Dole, en l'honneur de la Vierge
Marie, mère de Dieu, une église, la plus belle de
toutes celles de la ville, d'une magnificence extraor-
dinaire et d'une superbe architecture, dont la beauté
étonnera la postérité. Ce monument laisse bien en
arrière tout ce qui existe en ce genre dans la Bourgogne. Il faut citer là le magnifique collége des Chanoines,
où siége notre Pierre Farod, vice-chancelier du Con-
servatoire (comme on l'appelle) de l'Université. On y
voit le tombeau de son excellence, Mgr Jean Carondelet, chancelier, à Malines, de l'empereur Maximilien et
de son fils Philippe, lequel Jean Carondelet alla de
vie à trépas, à l'âge de soixante-quatorze ans, en l'année 1500 ; tombeau en partie de pierre blanche appelée albâtre et en partie d'un marbre très-noir veiné

de taches rouges, qui est exploité sur le territoire de Dole, et qui, destiné aux sépultures des grands, est connu sous le nom de porphyre. Des personnes distinguées ont composé plusieurs élégies ou épitaphes en l'honneur de Jean Carondelet. J'aurais peine à ne pas citer les deux suivantes :

> *In cassum fallax supprurit gloria rerum*
> *Obruitur moestis heu fugitivus honor.*
> *Horrendis tandem flenda sub imagine torpet*
> *Ambitiosa fames, laudis inane jubar.*
> *Non modus est rebus nulli fine potestas*
> *Non caret exilio, divitis alta domus.*
> *Expectat sors una omnes mortalia perdens*
> *Statque minax junctis semper ubique lues.*
> *Crede mihi, si vera colis, nil proderit ingens*
> *Artiloquus frustra servat avarus opes.*
> *Robore formosus, claro de sanguine miles*
> *Obscureque simul natus in orbe cadit*
> *Nexibus œternis dedit hunc natura rigorem*
> *Discrevit rigidœ mortis amara pati.*
> *Excantata perit gracilis discretio formœ,*
> *Labitur exigua calle superbus amor.*
> *Exemit nullum rabies futura sed aufert*
> *Terrarum dominos sceptra que fusa jacent!*
> *Belliger austerus confundus viribus hostem*
> *Urgetur pavidè cùm venit atra dies,*
> *Respice qui confers fluctantis tempora secli*
> *Grandia cum parvis unica tellus habet.*
> *Unus erit mundo pereunti naufragus ordo,*
> *Naufragium celsis una ruina dabit.*
> *Discite sic molles quœ sint commercia vitœ.*
> *Illius ambiguos discite quœso modos.*
> *Anxia deficiens velut umbra volatilis œtas*
> *Eheu precipiti turbine tristis abit.*

Culta diu titubans finali solvitur aevo
  Aurea congeries marcidus ille decor.
Navigat in dubio fortunæ credulus hospes
  Concidit exitiis candida pompa suis.
En ego qui placida quondam pietate superstes
  Liber in officio principis usque fui.
Laudes innumeras Carolus dux justus adauxit
  Atque per illustris aucta Philippus alit,
Re benè sic gesta, subit irrevocabile fatum
  Illaqueans rapide pellit ad ima senem.
Vertimur in Cineres defuncti, strenua virtus
  Sola beat meritis inque superna ferens.

Autre épitaphe :

Jean Carondelet, archevêque de Palerme, Prévot de saint Donatien de Bruges, chancelier perpétuel de Flandre, premier président du Conseil de l'Empereur Charles-Quint, en Belgique, etc., a fait ériger de ses propres deniers, et a dédié ce monument à son bien-aimé père, Jean Carondelet, seigneur de Champvans, de Sore, de Portelles, etc., grand chancelier de l'Empereur Maximilien et de Philippe, son fils, roi des Espagnes, archiduc d'Autriche, duc et comte de Bourgogne, etc., ainsi qu'à sa respectable mère, dame Marguerite de Chassy, après avoir fait transporter leurs dépouilles d'un ancien monument ici, et après avoir accru les fondations pieuses et quotidiennes qu'ils avaient faites durant leur vie. Celui-là mourut, âgé de 74 ans, au mois de mars, l'an de Notre-Seigneur, 1521. Celle-ci vécut 71 ans, et mourut le 21 mars 1511.

Dans la même église, a été, en outre, inhumé Dio-

clétien, fils aimable et bon du médecin Heberling,
dont je transcris ici l'épitaphe :

Hic Diocletianus medici puer ecce quiescit,
Illum non reparat arte paterna manus.
Sustulit hunc gracilem tenero sub amore parentum
Pallida mors, cunctis formidolosa lues.
Cum senibus juvenes rapit inclementia rerum,
Pharmaca despiciens et medicantis opus.
Fallimur heu miseri, non est sub cardine solis
Indita nascenti lex, nisi ritè mori.

Il y a à Dole un autre collége sous le vocable de
saint Jérôme, excellent par l'esprit religieux qui le dis-
tingue, et possédant une bibliothèque composée de
beaucoup d'auteurs et de très-bons livres. Le Principal de ce collége est notre Philibert Poissenot, saint
homme doué de vertus de tous genres.

Le collége St-Jérôme a été bâti par Antoine de
Roche pour lequel le jurisconsulte Etienne Stratius a
composé cette épitaphe :

Qui rupem, saxumque ingens mirare viator,
Et cur sint isthic, conspicienda rogas ?
Fundamenta domus sacro certantis Olympo
Non alio melius sunt statuenda loco.

Il y a encore un grand monastère qu'on appelle le
monastère des Frères Mineurs.

Enfin, Dole a une place publique fort belle, murée,
et de forme carrée, excepté pourtant qu'elle est un
peu plus longue que large. Sur la partie occidentale
de cette place s'élève le Prétoire avec les prisons.

Mais pour en revenir à un autre point, cette ville a

été de notre temps riche en hommes célèbres, parmi
lesquels je citerai : Jean de St-Maurice, gouverneur
de Malines, Jean de la Tour, Lucas Chaillot, Nicolas
Chupin, Charles Grantian, Pierre Vacher, tous conseillers, amis des belles-lettres, et disposés à les
protéger ; Fernand Séguin et Jean Chappuis, avocats
fiscaux, gens très-habiles dans l'art oratoire, doués
d'une grande pénétration d'esprit, et d'un singulier savoir ; Jean Huot, gouverneur d'Orange ; Auribald Ke-
berling, Rénobert Raclet, Siméon du Champ, Etienne
des Barres, Henri Camut, avocats et professeurs de
droit, d'une grande éloquence, d'une grande douceur,
et nos anciens amis ; Jacques Perrot, grand vicaire de
l'archevêque de Besançon, et juge canonique, c'est-à-
dire Official ; Rêné Perrot, médecin ; Erasme Boudier,
illustre tout à la fois par sa science et ses richesses.
Et tant d'autres qu'on pourrait également citer :

Cunctarum pariter summa est hic copia rerum,
Tum quod ager per se fit fertiles undique, tum quod
Plurimus huc veniens mercator plurima portet.

Non loin de Dole apparaît le Mont-Roland (1) et le
bourg de Roland, qui tirent leur nom de Roland,
neveu par sa sœur, de Charlemagne, personnage qui
surpassait, dit-on, tous les hommes de son temps
par sa force, la vigueur de son corps et sa grandeur
d'âme. Ses exploits l'ont rendu célèbre dans le monde
entier. On rapporte qu'il mourut, après avoir massacré un grand nombre d'ennemis, dans cette bataille où

---

(1) L'histoire de N.-D. de Mont-Roland a été écrite et publiée en 1856,
par M. Louis Jeannez, procureur impérial.

Charlemagne, revenant d'Espagne, fut complètement défait par les Gascons, près des Pyrénées.

Il ne faut pas oublier non plus Pesme, sur la rivière l'Ognon, petite place munie d'un château, et sise sur une roche. Entre Pesme et Dole existe le monastère d'Acey, de l'ordre de Cîteaux, fondé en 1130. Un certain abbé de ce couvent écrivit, dit-on, ceci au pape Martin V :

Inter Dolum et Pessimum in Aceto positus sum.

Il voyait Dole dans *dolum,* Pesme, dans *pessimum,* et *acetum* dans le monastère d'Acey. C'est au lecteur à juger si les noms répondent aux choses.

Puis, viennent :

Faverney.

Traves, place ancienne.

Vesoul,

Non loin de là :

Champlitte. Il y a une ville de ce nom en Misnie.

Port-sur-Saône, près du lit de la Saône.

Amance, pareillement sur la Saône. Il y a une autre ville du même nom dans le pays des Sycambres Eburons, au-dessus de Namur. Nous n'en parlerons pas, ainsi que de certaines autres villes que nous n'avons pas vues.

Il n'en sera pas de même de Gray, la plus importante cité du territoire, et dont la célébrité demanderait une description, alors que l'ordre naturel ne nous y conduirait pas. Gray, en effet, peut être comptée parmi les principales villes de la Bourgogne. Elle est fort jolie et bâtie sur les rives de la Saône, dotée de bien des richesses, favorisée de bonnes cultures,

montrant ça et là de magnifiques constructions, avec
des rues biens alignées, et dans les carrefours des
sources d'eaux limpides. Gray s'est illustrée de belles
intelligences, dignes de la postérité. Citons seulement :
le grand, le noble, le juste, et vénérable gouverneur
de Dole, Hugues Marmier, seigneur de Gatel, Natalis
Hugues, et quelques autres savants auxquels l'une et
l'autre langues sont familières.

Cette ville possède autour d'elle des champs abon-
dants en toutes choses; leur fertilité, la fécondité de
la terre, la variété des fruits, la richesse des patura-
ges, et l'exubérance de tout ce qui concerne la nourriture de l'homme, mettent ce pays au-dessus de tous
ceux du voisinage.

Mais nous laissons Dole, et il nous plaît de courir de
nouveau les hautes montagnes.

A deux milles au-dessous d'Arbois, du côté du midi,
est Poligny, dont le nom grec a été traduit en notre
langue dans les temps anciens. Nos ancêtres ont, en
effet, emprunté plusieurs noms à d'autres langues que
la leur, au grec, à l'hébreu, ou au latin. C'est ainsi
que Πολίχνη et Πολίχνιον veulent dire petite place ou petite ville. Cette place ne manque pas d'agrémens ni
d'élégance, munie qu'elle est de murailles et de très-
belles tours, qui viennent se rattacher à un château
assis sur une haute montagne, et qu'on appelle chez
nous le château de Grimont. Poligny est entourée de
montagnes les unes boisées, les autres chargées de vignes, qui donnent un excellent vin. Il y a dans cette ville
trois colléges. Le premier est celui des Chanoines, dans
l'église desquels on voit un tombeau renfermant les

restes mortels de Guillaume de la Baume. Michel Toxites, le Rhétique, lui a composé l'épitaphe suivante(1) :

Guilhelmus tumulo situs est Balmœus in isto,
   In flore quem vitœ abstulit
Mors fera, bis senos dum vix impleverat annos.
   Sic verè decidunt rosœ.
Omnia prudenter positis puerilibus egit,
   Verbis que retulit senem.
Jam laudem ingenio, studiisque paraverat amplam,
   Erat que suavis omnibus.
Non illo quicquam vidisset Gallia majus,
   Si patriœ superstitem
Servasset Christus : cum quo nunc vivit ab omni
   Cura solutus corporis.

Le second collége est celui des Dominicains; le
troisième celui des Clarisses. Les rues sont larges,
droites, propres, et sont égayées par d'agréables petits
ruisseaux. On y construit aujourd'hui une place publique fort belle. Elle possède des hommes très-éru-
dits : Pierre Favernier, chanoine, qu'une étroite
alliance unit à moi; Jean Chappuis, et Mathieu Junius, qui joignent à une grande expérience des lois, un
amour éclairé pour les lettres, et qui, par une faveur
toute particulière, me sont étroitement unis depuis plusieurs années par une bienveillante amitié; Jean Métel (2), grand jurisconsulte; et Claude Luc, très-sa-

(1) Voici, d'après Gesner, les ouvrages qui sont sortis de la plume de
Michel Toxites : 1o *Quœrela anseris, vel de ingratitudine hominum, elegia;*
Strasb. 1540. — 2o *Epicedia quœdam;* Strasb. 1540. — 3o *Hymnum de
natali Jesu-Christi;* Strasb. 1544.— 4o *Elegiœ duœ ad Philipp. Comit. ab
Hana;* 1546. (Voy. *Epit. de Gesner,* fol. 610, vo.)
(2) Gilb. Cousin lui a dédié le second livre de ses poésies. Antoine-Au-
gustin fait aussi mention de Jean Mètel. (Voy. *Gesner,* fol. 472, vo.)

vant poète. Claude Luc est juge, en Bourgogne, pour très-illustre Guillaume de Nassau, prince d'Orange, seigneur de Nozeroy; Etienne Nycod; Jean Mathieu, de l'Académie de Dole, savant dans les arts. Il faut encore ajouter parmi les plus illustres et les plus considérables citoyens : Jean Daguet et Jean Favernier, qui me sont unis par les liens du sang.

Non loin de Poligny, dans une vallée qui regarde le midi, se trouve un monastère de douze moines et d'un prieur. On l'appelle le monastère de Vaux, de l'ordre de Cluny. Il a été fondé par Frédéric, connu sous le nom d'Œnobarbus, c'est-à-dire Barberousse, empereur de la nation Souabe, et doté de riches prébendes par le pape Alexandre III, en 1146. Ce monastère est en vénération auprès des habitants de Poligny. Son recteur actuel est Pierre Chol, illustre par ses vertus et sa piété.

De Poligny nous allons à Saint-Lothain, dont je veux parler en mémoire du gouverneur de ce lieu, Pierre Grappe, afin qu'il sache bien que je suis son plus attaché ami. Ce lieu, à la façon d'une place forte, est situé sur une montagne très-fertile et couverte de vignes ; les maisons sont assez dispersées, mais très-élégantes. On y voit, dans une crypte antique et souterraine, le tombeau de Saint Lothain, le plus illustre de son temps par la sainteté de ses œuvres. Voilà l'origine du nom de Saint-Lothain donné à ce village, qui est tellement agréable, tellement plaisant, et offre tant de jouissances, autant par sa position que par les vins exquis qu'il produit, qu'il a pendant longtemps été appelé *Siesia*, de la locution populaire *Ci aise*.

Un peu au-dessous de St-Lothain, du côté du midi,

existait sur le même territoire le palais du roi de Bourgogne, dont on parcourt les ruines antiques et les décombres. Ce lieu a été appelé par les habitants Chambrettes-au-roi. On recueille là des vins précieux, et la terre fournit du gypse et du marbre blanc appelé albâtre.

Mais nous nous hâtons d'atteindre Château-Châlon, éloigné de deux milles de Chambrettes-au-roi. Château-Châlon a été fondé et baptisé par Charles, que ses actions ont fait surnommer Le Grand, comme cela est arrivé pour d'autres villes qui ont conservé le nom de leurs fondateurs. Lieu à jamais renommé par son site élevé et puissant, et par son monastère de vierges où ne sont reçues que des jeunes filles issues de la noblesse. Cette montagne célèbre fournit aussi des vins généreux et doux :

Impositæ apparent hinc multæ collibus arces.

Près de Château-Châlon est Baume, place fortifiée par la nature, et remarquable par un monastère grand et antique, de l'ordre de Cluny, dont les fondations ont été posées à très-grands frais par Brunon, fils de Chilpéric, roi de Bourgogne. Mais comme il était ruiné et presque tombé de vétusté, l'excellent et généreux maître, abbé de notre temps, Mgr Guillaume de Poupet, hétériarque de ce lieu, et mon Mécène, l'a fait réparer et lui a donné une grandeur et une magnificence qu'il n'avait même pas auparavant. Là, vous pourrez admirer un travail unique de la nature, car si l'on en excepte la route qui conduit à Château-Châlon, toute la place est entourée, comme par un mur, de rochers extrêmement élevés, d'où jaillit la rivière la Seille qui va couler du côté d'Arlay.

A la sortie de cette vallée, nous apercevons Sellières, presque détruit par la vétusté et les incendies. Son château est aussi à moitié ruiné. C'est la patrie de notre Pierre Froissard, médecin qu'aucun autre n'a surpassé en savoir. Il y a là un couvent de Franciscains de l'Observance.

De Sellières, nous nous dirigeons, en hâtant le pas, sur Arlay, ville au sol fertile en toutes choses, et dont l'antiquité et la noblesse étaient reconnues du temps de la grandeur des rois de Bourgogne. Mais sa splendeur a été obscurcie par Nozeroy, dont les princes ont fait leur demeure, attirés, sans doute, par les charmes que présente cette localité. La moitié de la ville d'Arlay, bâtie sur le plateau de la montagne, porte le nom de *Bourg-dessus* (Burgus superior); mais tout le monde sait, je pense, que la cité inférieure, celle qui est bâtie sur le bord de la Seille, et dont une partie s'élève sur la pente douce de la colline, a été fondée par les princes de Châlon, et nommé *Arlay*, c'est-à-dire *Près du Château*,. En effet, la première syllabe *Ar* est l'abréviation de *Arx*, et désigne, sans aucun doute, cette partie de la ville assise sur la montagne et fortifiée par la nature, tandis que l'autre syllabe *lez* est employée dans le pays pour dire *près* ou *proche* (1).

Après Arlay, vient Ruffey, place charmante, avec des champs magnifiques, patrie de notre Claude Les-

_____

(1) M. D. Thiboudet a écrit une histoire d'Arlay, restée manuscrite, et qui mériterait bien de voir le jour.

me, homme non-seulement éminent par son érudition et son humanité, mais encore par sa vie intègre, exempte de reproches : Lesme, enfin, qu'une longue habitude, une bienveillance extrême, et une grande conformité d'études, m'ont rendu bien cher et m'ont attaché. La Seille arrose Ruffey.

De Ruffey, nous arrivons à Bletterans, sise dans une plaine, munie de murailles en briques, de tours, et d'un beau château. La Seille coule autour de ses remparts, bourbeuse et chargée de gravier. Le sol fangeux nourrit beaucoup de grenouilles loquaces. Il est pourtant fertile, en froment surtout, d'où, selon moi, le nom de *Bletterans*, comme qui dirait *terre à blé*, car en France le froment s'appelle *blé*. Cette ville a de très-belles maisons bâties pour la plupart en briques. En 1519, le 2 juillet, elle fut presque totalement détruite par les flammes. Là sont nés : le pieux et érudit Pierre Agius de Poligny, ainsi que Paul Michodier et Pierre Badin, jeunes gens de grande espérance, qui se consacrent à l'étude et aux arts.

Après Bletterans, on atteint bien vite Lons-le-Saunier, ville charmante par-dessus toutes, et située dans une plaine. De nos jours, il s'y ent un marché célèbre. Il s'est emparé totalement de l'ancienne gloire de Montmorot et de Montaigu. Mais d'après nos propres souvenirs, trois incendies accidentels ont détruit Lons-le-Saunier, dont l'église, consacrée à saint Désiré, a été reconstruite presque de fond en comble par les soins du révérendissime prélat, Guillaume de Poupet. Il est bon de dire aussi que le nom de Lons-le-Saunier, sous lequel on connaît aujourd'hui cette ville, lui vient des salines qui ont rendu ce lieu célèbre.

Il y a là deux communautés, l'une des Franciscains, qui veulent maintenant s'appeler Franciscains de l'Observance, l'autre de Religieuses. La ville est percée de rues assez larges et droites, avec beaucoup de maisons élégantes et magnifiques. Des fossés pleins d'eau qui corrompent souvent l'air de leurs émanations l'entourent, et de grands faubourgs l'embrassent de tous côtés. On compte à Lons-le-Saunier des jurisconsultes célèbres : Désiré Vaucher, sous-juge, Claude Loyset, Claude Jeannin, Philibert Portier, Pierre et Jean Mercier, Etienne Domet, tout aussi érudits qu'intègres.

Tout près de Lons-le-Saunier, on trouve Saubief, qui prend son nom d'une source salée qui coulait là autrefois. Montmorot est sur une montagne peu escarpée. Montaigu est bâti sur une montagne très élevée et qui s'aperçoit de loin. Ces deux localités sont couvertes de vignes.

Vient bientôt après Saint-Laurent-la-Roche, petit bourg, mais remarquable par son ancienneté. Entre lui et Montaigu existait un château presque inexpugnable, qui fut, dit-on, rasé par les armes des Bourguignons, parce qu'il recevait des voleurs de grands chemins, et qu'il servait d'asile aux exilés.

Dans la plaine de St-Laurent on voit encore : la place de Ste-Agnès ; Cuiseaux, bâtie au pied d'une montagne, d'une grande antiquité, mais attristée par bien des ruines. Il y a là un collége de chanoines. Tout ce pays est très-fertile en vins.

Vincennes, qu'on appelle aujourd'hui St-Amour, place marchande très-remarquable, assez grande, illustre à jamais par la naissance de Guillaume de St-

Amour, qui écrivit contre l'hérésie des Frères men-
diants, trois livres auxquels il a donné ce titre : *De
periculis temporum*. Il vécut sous St-Louis. St-Amour
a donné aussi le jour à Philibert de la Baume, baron de
Montfalconet, économe de l'Empereur Charles-Quint,
et commandeur de l'ordre de St-Jacques. Cette ville
ne manque pas non plus de citoyens distingués par
leurs vertus.

Et clari Latia lingua, linguaque Pelasga.

Tout à fait aux limites de ce territoire, se trouve
Coligny, qui fait partie tout à la fois de notre juridiction et de celle de la France.

Jusqu'ici nous avons parcouru les villes qui sont
situées du côté du vent d'ouest, c'est-à-dire à l'occident. Il nous faut maintenant marcher au Nord, où
l'ordre nous appelle, pour faire connaître les cités qui
sont de ce côté.

A quatre mille pas plus au nord, vers la gauche, se
trouve Salins, très-grande ville, dont le nom célèbre a
fait le tour du monde, et qui doit son nom à de pro-
fondes sources salées, ainsi qu'à d'autres ruisseaux
qui coulent sur le sol. C'est à Salins qu'on fabrique,
pour nos usages de tous les jours, ce sel condensé par
le feu, d'une blancheur éclatante, et qui, emporté sur
d'immenses chariots, dans les pays lointains, constitue
le plus beau revenu pour notre Bourgogne. Cette ville
est défendue par des tours très-élevées, par un puissant rempart, et par deux châteaux qui ressemblent
à des bras : d'où les noms de *Bracon*, qu'on a donné
à celui qui est au midi, sur un rocher, et de *Bélin*

qu'a reçu le château du Nord, bâti pareillement sur un rocher. Salins lui-même est bâti en long dans une grande et étroite vallée, entre deux montagnes d'une hauteur épouvantable, qui donnent, dans les points exposés au soleil, du vin très-renommé. La ville était autrefois appelée *Scodinga*, ainsi que nous lisons dans l'histoire de St-Anatoile ; elle possède des champs fertiles, mais dont la culture est difficile, à cause des anfractuosités du sol et de l'aspérité des montagnes.

Fontibus omnia puris
Hic sunt irrigua, et rivi de rupe cadentes,
Prata per et campos labuntur murmure dulci.

Salins est arrosé par la Forique ou Foriole, qui fait mouvoir quelques moulins. Elle est appelée ainsi parce qu'elle débarrasse la ville des immondices. On y jette, en effet, les excréments, les balayures des maisons, et les eaux ménagères de la cité. Il y en a qui la nomment plus honnêtement la Furieuse, parce qu'elle coule avec rapidité, célérité et fureur.

Salins possède trois célèbres collégiales de chanoines, parmi lesquelles il faut ranger en première ligne celle qu'on appelle la collégiale de St-Anatoile, dont le prévôt est Jean de Paul, natif de l'endroit, aussi pieux qu'érudit. La seconde collégiale est celle de St-Maurice ; la troisième, celle de St-Michel. Il y a aussi des congrégations de Franciscains, qui, à cause de leurs grandes manches, veulent s'intituler *majores*. Ils portent, en effet, de larges robes avec une ceinture descendant jusqu'aux talons, avec de larges et vastes manches. Il y a, en outre, quatre paroisses : St-Anatoile, St-Maurice, St-Jean-Baptiste et Notre-Dame. On compte encore trois hôpitaux pour les pauvres : celui de Montaigu, celui de St-Bernard, dans la ville, et celui de Bracon, sur un rocher, à l'occident. Il ne manque pas non plus de chapelles. Les maisons sont magnifiques et bien éclairées, la plupart bâties en plâtre, à murs très-minces faits d'un réseau de petites poutres, interposées entre deux couches de plâtre. Les plus vulgaires sont elles-mêmes recrépies au plâtre.

Cette cité est riche en hommes illustres en tous genres d'érudition. Je citerai seulement : Mgr Nicolas Gilley, seigneur de Marnoz, de très-noble race, très-savant, et qui a rempli avec autant de bonheur que d'éclat, sous l'Empereur Charles-Quint, plusieurs missions diplomatiques près des cours étrangères (1); Philippe Guierche, seigneur de Chenèvre, illustre autant par l'ancienneté de la race que par son savoir universel, apte aux grandes choses et jouissant d'une grande autorité dans la ville; les frères Jean et Pierre Sachet, renommés par leurs connaissances et par une rare piété; Marc Marchand, d'un esprit remarquable, gouverneur de l'hôpital de Montaigu (2), et qu'on

---

(1) Jean de Gilley, seigneur de Marnoz, né à Salins vers 1527, posséda plusieurs charges à la cour d'Espagne, et avait un goût marqué pour la culture des Lettres. On a de lui :

1° *In laudem Hannibalis è Livio expressam a rebus ejus gestis, et comparatione imperatorum romanorum commentariorum; item, Elegiae duae de Eremo Domini A Sachet Salinis, et furiosa quæ Salinensem urbem perfluit; Descriptio domus et Gilleyani agri, qui apud Sequanos vulgare nomine Pagnol dicitur;* Bale 1550.

2° *Chronica Joannis Cilloci;* Lyon, 1585, 8o. — En vers hexamètres.

3° *Expositio Decalogi paraphrast.* Besançon, 1588; 4o.

4° Gesner (fol. 466; ro) mentionne encore de cet auteur l'ouvrage suivant qui n'avait pas vu alors le jour : *De Consuetudine vallisiorum carmen.*

(2) On a de Marc Marchand : *Orationes duæ, una de laudibus D. Lucæ; altera funebris in Aemilium Ferret;* Lyon, 1551; chez Mathias Bonhomme.

nomme grand-maître; Jean Gilley, poëte très-distin-
gué; Antoine Chavirey, docteur en médecine; François Dolonval, prêtre à St-Anatoile, très-versé dans la
littérature et les beaux-arts, l'astronomie, l'architecture et la sculpture.

A une portée de trait au-dessus de Salins, s'élève au
pied d'un rocher un couvent de Réguliers, comme ils
s'appellent, nommé Gouailles.

A un mille, du côté de l'occident, domine, assis
sur le faîte d'un rocher, un monastère qu'on connaît
sous le nom de monastère de Notre-Dame-De-Château.

Mais en voilà assez sur Salins.

Nous montons maintenant au bourg de Dournon,
célèbre par la défaite des Français et par la victoire
des Bourguignons, et nous arrivons, en passant par
St-Anne, à Montmahoux. Dournon est assez petit, mais il
ne manque ni de charme ni d'agrément. Voici ce qui
l'a rendu célèbre:

Sigismond I, archiduc d'Autriche, étant à la suite
de son père Frédéric, pour la conquête du Tyrol, s'en
vint, dès le commencement de la campagne, livrer
bataille aux Suisses, tandis que tous ses efforts devaient tendre, soit à défendre par les armes son antique et héréditaire domination sur les Suisses, soit à
reprendre celle qu'il avait perdue. N'ayant pas réussi
dans ses projets, il vendit à bas prix ses biens à
Charles, duc de Bourgogne. Ce dernier, voulant ré-
duire par les armes les Suisses à son obéissance, fut tué,
en 1477, près de Nancy, ville de la Lorraine. Après la
mort de Charles, De Craon et Charles d'Amboise, qui
commandaient l'armée française, soumirent presque
toute la Bourgogne à la puissance de Louis XI, roi

de France. Mais pendant ce temps là, un certain Maillot, qui avait été laissé avec une garnison à Bracon, ayant, contre les lois de la discipline militaire, attaqué imprudemment quarante des nôtres, qui gardaient les avenues, et qui étaient là prêts à les défendre sans grand espoir, l'armée française fut rompue et anéantie presque jusqu'au dernier combattant, et Maillot lui-même fut frappé à mort d'une balle de bombarde à main, dans le village de Dournon, devenu célèbre par cette déroute.

Dans ce combat il y a à regretter bien des morts parmi les principaux du pays, mais je ne peux les rappeler à la mémoire. A St-Maurice-de-Salins, on voit le tombeau d'Adam de St-Loup, chevalier, enlevé du nombre des vivants le 26 janvier. Le combat eut lieu le 17 janvier, fête de St-Antoine, l'an 1492, combat où brilla plus que jamais le courage des Bourguignons, de ceux de Miéges surtout, qui purent, par cette victoire et la défaite des Français, respirer plus à l'aise, et conjurer pour un moment leur déclin. Ils délivrèrent la ville de Salins d'un siége difficile, débarrassèrent Bracon de sa garnison, et chassèrent tous les Français de la Bourgogne supérieure.

Mais où me suis-je laissé entraîner? Ces détails paraîtront hors de saison (1).

Nous revenons à un autre sujet, et nous dirons que Asna (saint Anne) est un mot arabe et qu'il signifie illustre. Le château est comme une vraie place forte,

---

(1) La bataille de Dournon a fait le sujet d'un poème sous le titre barbare de La Dournoniade, qui est de Jean Fleury, prêtre, familier de l'église collégiale de St-Anatoile, contemporain de l'évènement.

célèbre entre tous, très-puissant par sa position, et bien fortifié. Il est assis sur une montagne rocheuse, qui s'élève à une très-grande hauteur, et qu'on ne peut aborder, entourée qu'elle est par des vallées dont l'œil chercherait en vain à atteindre la profondeur. Ces vallées sont étroites et inextricables, et dans une d'elles est bâti un couvent de Filles de sainte Claire, appelé le couvent de Migette.

A la distance d'une borne de Ste-Anne, on atteint Montmahoux, très-ancien château sur une montagne qu'on aperçoit de toute la Bourgogne, et une place forte du même nom dont les remparts sont preque tombés en ruines. Le château se fait remarquer par sa splendeur sur tous ceux de l'une et l'autre Bourgognes, et tient sous sa dépendance des bourgs et des hameaux d'un coup d'œil ravissant. Le climat y est très-sain et le sol très-fertile.

Au-dessus de Montmahoux, du côté du vent d'Est, c'est-à-dire à l'Orient, l'œil découvre :

Le monastère de Hautepierre, que le peuple, à cause même du mot monastère, appelle Moustier, en retranchant la syllabe du milieu ; et Vuillafans, bâtie dans une vallée, et possédant, comme Moustier, des terres fertiles en toutes choses, et propres à la culture de la vigne. Aussi, approvisionne-t-elle de la presque totalité du vin qui leur est nécessaire, les habitants de Vercel et de Morteau, puisque les montagnes qui l'entourent de tous côtés, et qui lui servent comme de remparts, sont couvertes de vignes presque jusqu'au sommet. A Wuillafans s'élèvent deux châteaux, se faisant face, assis sur des montagnes. Celui qui est au nord est fortifié par des murailles, des tours, des fossées, des retranchements; et, à l'instar d'une place forte, est pourvu en abondance de tout ce qu'il faut pour la défense. On l'appelle Châteauvieux. Celui qui est au midi est pareillement beau et bien fortifié. Il porte le nom de Châteauneuf.

Mais après Wuillafans, nous rencontrons Ornans, assis entre deux montagnes également très-élevées. Cette place a eu l'honneur rare de donner le jour à l'illustre Nicolas Perrenot de Granvelle, premier Conseiller et garde des sceaux de Sa Majesté Impériale.

Ces trois localités sont arrosées par la Loue, très-grosse, très-large et très-rapide rivière de la Bourgogne, qui nourrit toutes espèces de poissons, aloses, barbues, anguilles, dorades, etc. La Loue prend sa source un peu au-dessous du monastère de Haute-pierre, et par conséquent non loin d'Ornans, pour aller, à peu de distance de Dôle, confondre ses eaux avec celles du Doubs, et se précipiter ainsi dans la Saône.

Près d'Ornans, s'élève sur un coteau un château en forme de place forte, d'un aspect magnifique. Un peu au-dessous sont des mines de fer, et dans les montagnes quelques châteaux très-fortifiés.

En côtoyant les bords de cette même rivière la Loue, on arrive bientôt au château de Cléron, bâti sur une petite colline, avec un bourg du même nom.

Si de ce point nous revenons de nouveau sur Besançon, nous apercevons les superbes tours de Montrond, ainsi que ses maisons, assises sur des rochers escarpés. Tout le monde admire la nature de ce site et les commodités qu'il présente.

6

Un peu au-dessous de Montrond, à gauche, voici le château d'Arguel et le village qui en dépend.

Plena hic floribus ipsa prata rident,
Hic colles humiles amat Lyœus,
Gaudet copia fructibus repleta
Cornu suavibus.

De Salins, on arrive en peu de temps, en prenant à gauche, à Rennes et de là à Quingey, très-vieilles villes baignées aussi par la Loue. Amboise les rasa toutes deux, mais elles ont été remises debout.

Plus loin que Besançon, du côté du vent du nord, c'est-à-dire au septentrion, sont : Beaume-les-Dames, qui domine sur le Doubs, patrie de Chistophe Simonnet, qui joint à un grand talent et à ses connaissances dans la langue latine, le doux commerce des muses ; Bévenge, ainsi appelé parce que la route s'y bifurque ; Clerval et l'Isle-sur-le-Doubs, villes riveraines du Doubs. La première fut brulée par un affreux incendie, en 1534, le mardi 6 octobre un peu avant midi. Un incendie détruisit aussi presque dans le même temps, Luxeuil ; Vesoul enfin,

Haud numeranda inter postremi est nominis urbes,
Seu privata notes, seu publica munia rerum.

Vesoul possède des murailles très-puissantes et des maisons magnifiques. Son sol est vitifère, propre à la vigne, et fécond en hommes remarquables par l'austérité de leurs mœurs, par leur amour pour les lettres, et par leurs talents. Il me faudrait, si je voulais tous les nommer, dépasser bien au-delà les limites que j'ai imposées à cette lettre. Je citerai entr'autres les frères Jean et Thomas de Sonnet, hommes d'une grande honnêteté, d'esprit, et de science, que j'ai longtemps fréquentés à Dole.

Vient bientôt Luxeuil, remarquable par un monastère bâti par Chilpéric, roi de Bourgogne. Il y a des eaux chaudes pour les bains, qui coulent en bouillonnant.

Rougemont, place opulente autrefois, maintenant presque détruite, où tous les ans, à la fête de Saint-Georges, les nobles de toute la Bourgogne s'assemblent et passent ce jour là dans les cérémonies religieuses et dans les plaisirs. Cette fête a été instituée vers l'an 1370.

Gy, dont le menu peuple lui-même est libéral et non à mépriser. Son territoire jouit d'une fécondité incomparable, car il produit un vin qui le dispute en vertu et en bonté avec celui de Besançon. On le transporte en Allemagne, non pas pour le vendre en public, mais pour orner la table des grands. Jérôme Busleiden, archevêque de Besançon, a construit ses hautes tours et son admirable château (1).

Morey-le-Vignoble, renommé aussi par ses vins, qui nous a donné les frères Pierre et François Richardot, chanoine de St-Jean de Besançon, tous deux d'un savoir solide. J'ajouterais bien, si cela pouvait être à honneur pour eux, que Pierre Richardot, mon tendre ami, a été enlevé avant l'heure par une mort implaca-

---

(1) C'est à Gy que naquit, en 1559, Jean-Edouard Du Monin, le *poète-philosophe*, ce prodige du XVIe siècle, qui mourut assassiné, âgé de moins de 28 ans, le 5 novembre 1586. M. F. Lélut a publié sur son illustre compatriote une notice forte intéressante, sous ce titre : *Lettre à mon père, médecin à Gy, en Franche-Comté, sur Jean-Edouard Du Monin, poète célèbre du XVIe siècle. Paris et Gy,* 1840, in-8°, *avec le portrait de Du Monin.*

ble, lui si digne d'une plus longue vie, si c'eût été dans les vues de Dieu, dont je n'ai pu accepter qu'avec douleur les décrets.

La place de Marney.

Charrier, où les Franciscains ont une maison.

Montboson, sur l'Ognon, dont le château est en ruines, et où il y a un couvent de Jacobins. C'est la patrie de notre Guillaume Marius.

Jonvelle, grande et ancienne place, aux murailles ébranlées par l'âge.

Dans notre Bourgogne supérieure, le sol fournit çà et là des fruits qui se gardent extrêmement longtemps sans se corrompre, et qui conservent toute leur succulente saveur. Les hommes, vigoureux, et d'une santé florissante, ne meurent guère que par défaut de tempérance, ou par extrême vieillesse. On en voit plus d'un parvenir à la cent-vingtième année.

Il y a encore, je le sais, dans notre pays, d'autres fleuves, des lacs, des rivières, des places fortes et des châteaux admirablement assis sur des montagnes, et dont la description ne laisserait, certes, aucuns regrets. Il y en a d'autres, parmi ces places, qui sont rasées presque au niveau du sol, ou qui sont à demi-consumées par les flammes, ou qui, enfin, ne présentent plus que de déplorables décombres. De ces pays nous parlerons plus aisément, et d'une manière plus détaillée, dans un livre sur l'ancienne Bourgogne, si Dieu nous prête longue vie. Mais je n'en ai ni le temps, ni le loisir.

Dans ce livre, nous étudierions la Bourgogne supérieure, suivant ses juridictions et préfectures, ou diocèses, comme dit Budée, dans ses *Forenses*, ou Βουλαρχίας, selon l'expression des Grecs, bailliages, comme nous les appelons, c'est-à-dire dans ses trois régions, d'Amont, d'Aval et de Dole. Nous la représenterions s'étendant à l'orient jusqu'aux Helvètes, se limitant au midi par les Allobroges et les Ségusiens et se terminant à l'occident par la Bourgogne inférieure, au nord par la Lorraine et la Germanie supérieure. Ensuite, nous ferions la description et la chorographie de l'ancienne Bourgogne avec les noms anciens et nouveaux des localités. Nous passerions en revue les premiers héros, les dieux et les rois de la Bourgogne, les premières expéditions de nos ancêtres chez les nations étrangères, l'organisation militaire, les mœurs, les lois, les coutumes, les poids et mesures, les monnaies, la religion, les études et les costumes.

Je ne passerais pas sous silence les noms des personnages qui depuis l'introduction de la religion chrétienne dans ce pays se sont fait remarquer par leur piété et leurs munificences envers l'Église. J'en citerais même un grand nombre de leur famille qui, pour propager la foi du Christ, pour défendre son église, ont versé leur sang avec une admirable constance et ont été placés au nombre des saints pour leur piété inébranlable et la sainteté de leur vie. Je vous parlerais des pays anciennement habités par les Bourguignons ; je vous dirais leur émigration des rives de la Vistule et de la Germanie sur le Rhin et en Gaule, les villes qu'ils ont bâties, les grandes transformations de la Bourgogne, gouvernée pendant longtemps par des rois, déshéritée de l'autorité royale, avec les titres de duché et de comté, dont les princes ont la prééminence sur les ducs et les comtes des autres pays chrétiens. Enfin, dans ces commentaires, auxquels je ne donne pas plus de mérite qu'ils n'en auraient réellement, je m'occuperais d'autres points dont l'étude nous apporte utilité et jouissances, et dont pourront profiter nos jeunes intelligences. Je veux parler des faits qui se rapportent à notre histoire moderne (1).

Mais cette lettre, qui touche à sa fin, m'empêche de m'étendre plus longuement sur ce sujet, et quoique j'aie, comme le chien du Nil, tout effleuré avec précipitation, et que j'aie esquissé à main levée, comme on dit, plutôt que dépeint, je n'hésite pas néanmoins, cher Babet, à vous la confier. Si mes descriptions vous paraissent faites avec trop peu de soin, par cela surtout que je me suis servi, au profit de la clarté, des noms de lieux acceptés aujourd'hui, vous êtes là pour corriger ce qu'il y a de défectueux. Vous pourrez au moins de cette manière, tendre les nerfs de votre science et de votre érudition. Après tout, les noms qui sont aujourd'hui nouveaux, deviendront anciens plus tard, et ceux qui sont maintenant anciens étaient autrefois nouveaux. Au reste, moi, j'ai chanté Besançon sur un faible chalumeau; à vous, je l'espère, de faire résonner sur la trompette les louanges de la cité.

Adieu, et aimez-moi comme je sais le faire à votre égard. Vous communiquerez ce *Post scriptum* à Mgr

(1) Cette *Histoire de la Franche-Comté* dont Gilbert Cousin, donne ici le brillant sommaire, n'a jamais vu le jour. Il faut en dire autant de l'*Histoire de son temps*. L'infatigable écrivain y avait travaillé longtemps et Conrad Gesner fait des vœux, dans sa *Bibliothèque*, pour que notre auteur mette la dernière main à ces grands ouvrages, et pour que ceux-ci soient imprimés. (Voy. Gesner, bibliothec. *Edit. de Jean Frise*, 1583, in-fol., p. 284.)

François Richardot; vous le prierez de me recomman-
der au révérendissime prélat de Luxeuil. J'éprouve un
grand bonheur à savoir que Mgr Humbert Jantet, premier juge municipal de Luxeuil, jouit d'un grand cré-
dit et d'une grande autorité auprès des Bisontins, car
il m'a toujours semblé qu'il ne manquait pas d'affection
pour moi. Soyez mon interprète auprès de lui, et
assurez-le de la tendresse que je lui porte. Faites-en
de même auprès de Mgr Louis Favernier et de son
Frère Paris. Je souhaite à Tornond que Diane lui soit
propice. Enfin, n'oubliez pas notre Sébastien Munster, d'un esprit si fin et si subtil, et que ses instincts
poussent, en quelque sorte, à venir en aide aux hommes studieux. Exhortez-le bien à venir grossir la cohorte des savants qui font l'ornement de notre pays.

Encore une fois, adieu! adieu!

FIN.

BREVIS AC DILVCIDA

SUPERIORIS BURGUNDIÆ,

QVÆ

Comitatvs nomine censetvr,

Descriptio.

PER

GILBERTUM COGNATUM NOZERENUM.

BREVIS AC DILUCIDA

SUPERIORIS BURGUNDIÆ,

Quæ Comitatus nomine censetur, descriptio,

PER

GILBERTUM COGNATUM NOZERENUM.

Ad Hugonem Babetum Hippolytanum.

De Vesontione, florentissimâ ac placidâ Imperii civitate, atque utriusque Burgundiæ metropoli, mi Babete, præter id quod apud Cæsarem, Marlianum, Sabellicum, Volaterranum, Gotfridum Viterbiensem, et Rhenanum habetur, parum admodum in litteris extare arbitror. Nam prima illa exordia, et alia quibus solent urbes commendari, temporum injuriâ atque majorum incuriâ perierunt, qui in coacervandis accumulandis que divitiis potiùs evigilarunt, quàm ad ingenii cultum, et æterna illa studiorum monumenta, quibus semper floruère, semperque florebunt rectè benèque institutæ respublicæ.

Nec post Cæsarem quisquam meliùs de eâ dixit. Manebit igitur illa descriptio immota et integra, existens in primo Commentariorum, quæ de rebus ab se in Galliâ gestis disertissimè conscripsit. Apud quem Suevorum rex, apertissimè, corruptâ dictione, Ariovistus dicitur, pro Ernesto : quæ dictio significat serium, industrium, intentum ; quod quidem vitium Germanicæ linguæ ignorantiâ accidisse arbitror.

Sed quoniam Sabellicus hanc civitatem, et Dubium fluvium perfluentem, post Cæsarem elegantissimè describit, ipsius verba ex quinto libro Enneadis sextæ, haud procul à fine, apponemus :

« Nunciatum est, inquit, Cæsari, Ernestum cum omnibus copiis ad
« Vesontionem occupandam properare. Erat id oppidum Sequanorum
« maximum, loco ad bellum opportunissimo situm, Alduasio amne fèrè
« circumquaque cinctum (nunc Dubio est illi nomen) unâ duntaxat parte
« quâ mons arduus surgit, cum munitissimâ arce pedibus urbs adeunda,
« radices montis fluvio penè contiguæ. Cæsar, audita loci opportunitate,
« diurnis nocturnisque itineribus tantùm viæ confecit, ut antè Ernesti
« accessum, oppidum occuparet, etc. »

Ipsa quoque Volaterrani verba ex tertio geographiæ libro adscribemus, autoris meâ quidem sententiâ doctissimi, qui Commentariorum urbanorum libres octo et triginta scripsit, gravitate et eruditione summâ plenos : ex quibus videre licet, quantùm veteris in eo sapientiæ, quanta peritia locorum, quàm exquisitus, temporum rerumque gestarum ordo :

« Burgundiones, inquit, inter Sequanos, intra Ararim et Jura montem « siti sunt, quorum originem è Germaniâ Orosius ultimo libro facit. « Inter horum verò civitates, Visuntium, nunc Bisuntium, metropolis, « ubi plura veterum ædificiorum vestigia cernuntur, et Claudii præsulis « ac professoris sedes, qui anno sexcentesimo vigesimo sexto, curiâ ec- « clesiæ alii delegatâ, in cœnobium sancti Eugendi, ad duriorem vitam « secessit, tantùm oleribus contentus, ubi et sepultus. Id hodiè S. Claudius « vocatur. »

Cominœus, porrò, libro 9 rerum gestarum Ludovici, ejus nominis un- decimi, Galliarum Regis, cùm describit superioris Burgundiæ expugna- tionem per Crainum regis legatum, et Carolum Ambosium, eidem Craino à rege summissum, consilii magni et virtutis virum : « Præter aliquot « castella, inquit, rupibus affixa, nihil restabat expugnandum. In iis locis « est Vesuntio, quæ quidem civitas etsi ad imperium Germanicum perti- « net, tamen quia cingitur undique Burgundiâ, studet ferè gratificari ejus « regionis principi. Hanc, igitur, ingressus est Ambosius, absque malefi- « cio, et ab oppidanis amanter exceptus, illinc discessit.

Gotfridus Viterbiensis, autem, nonâ Chronici sui parte, Vesuntionis venerandæ antiquitatis testimonium reliquit, regemque Galliæ sedem hanc fuisse testatur, etiam quadringentis antè Cæsarem annis, addit et hoc, Seguinum, ejus loci regem, socerum extitisse Brenni illius, qui Ro- manos haud invictos esse ostendit, capite orbis Româ urbe expugnatâ, dirutâ, et incensâ. Eundem quoque antequam Græciam depopularetur, ac diriperet, socero successisse in imperio scribit

Antonius Augustinus Vesontionem in Itinerario suo bis nominavit.

Hœc Bonfino rerum Ungaricarum Decadis 2. lib. 2., paulo post initium, Bizantium Burgundiæ oppidum vocatur.

De eâ Honterus, Cosmographorum rudimentorum lib. 2. autor dignus, quem dies atque noctes studiosorum manus atterant :

Cis Rhodanum Avenion jacet, Allobrogumque Vienna,
Mox Arelas, Genevæque lacus, Visuntium, atque
Massylia externis quondam constructa colonis.

Coccineus, autem, De bellis Italicis, Bisantinam civitatem annumerat, inter civitates quæ Julio pontifici, turbato Pisano Concilio, oblatæ fuerunt.

Hujus quoque mentionem facit Vadianus, in Galliæ descriptione, vir meâ œtate inter doctissimos habitus : « Intùs Sequanorum, inquit, quon- « dam Vesontium, quam hodie Bizantium vocant. »

Paradinus nihil de eâ adfert in libello *De Burgundiæ antiquo statu*, quod non ex Rhenani mei, viri sanè eruditissimi, *Germania*, sumptum sit : ubi Vesontionis mentio fit, lib. 1. cap.: *De maximâ Sequanorum*; lib. 2. *De Francorum cum Burgundionibus bello* ; lib. 8. *De diœcesibus episcopalibus*. Item, in Basileâ.

Ligurino, autem, poetæ egregio et celebri, in Œnobarbo, Chrysopolis ob elegantiam dicta fuit, cujus versus subscripsimus :

> *Has tibi metropoles, et primi nominis urbes,*
> *Chrysopolim placidam, Lugdunum, sive Viennam,*
> *Quæque tuos spumante mari Provincia fines*
> *Claudit Arelatum variis obnoxia ventis :*
> *Chrysopolim Dubius, reliquas perlabitur amnis*
> *Maximus Allobrogum, Rhodanus dominator aquarum.*

Sed quando Chrysopolis dici cæperit, certè ignoro. Nec etiàm habeo quod dicam de illorum opinione, qui à bisonte, hîc reperto, nomen traxisse volunt. Solinus de Germaniâ, cap. 32, scribit bisontes boves cervi figurî esse, et in Prussiâ potissimum reperiri. In Suetiâ, quoque, venantur bisontes, quos patria linguâ dicunt *Elg*, idest asinos sylvestres, tanta proceritatis, ut summo dorso œquent mensuram hominis porrecti in bra chia elata.

Anno, autem, inclinantis imperii Romani 44, Christiano verò 455, in tra id tempus Germaniam omnem, Daciamque, et Sarmatiam, et cœtera provincias ad Danubium Rhenumque sitas, perdidit Romana Respublica Hispania quoque ulterior, Aquitania, Vasconia, et illa Eduensium Veson tionumque Galliæ pars, quam Burgundiones, anno N Urbis captæ, cæpe runt, sunt amissæ ; quarum nulla postmodum pro Romanorum imperi est recepta. Hec ex Blondi, non pessimi autoris, *lib. 2, Decadis primæ* refero.

In Papæ, autem, tabulis accepti, legimus, archiepiscopum Bisontinur habere tres suffraganeos, videlicet, episcopum Basiliensem, Lausanensem et Bellicensem ; et pro archiepiscopatu Bisontino, si contigerit vacar apostolicæ sedi, seu pro reservâ (ut vocant), aut pro annatâ, aut pro pre visione, M. florenos numerari.

In antiquissimo, annalium Burgundiæ codice, Gallico idiomat scripto, sub Burgundiæ regibus sedi Bisontinæ præfuisse, invenimus D. I Anthidium, Nicetium, Claudium, Desideratum, et Donatum, qui omn ex regiâ Burgundiæ domo originem habuisse dicantur. Qui vero antè post hos antè memoriam nostram hunc archiepiscopatum administrav rint, à me, etsi multum in perquirendo laboraverim, nondum præter h sunt deprehensi.

In Desiderati locum et ministerium, successit Germanus, qui vehementi studio sui seculi homines ad Christianissimum et pœnitentiam est cohortatus, peccataque impiorum reprehendit, acer Arianorum errorum impugnator, à quibus tandem, in Granfonte oppido, à Vesontione quatuor milliaribus tunc distante, cujus hodie nulla omnino extant vestigia, trucidatus, martyrii coronam accepit, circiter annum Christianum 350, sub Constantio, Constantini magni filio.

Anianus, anno Christiano ferè 373, sub Valentiniano et Valentino imperatoribus, archiepiscopus Bisontinus, constituitur. Is, semimilliario ab urbe, ubi Ferreolus et Ferrutius fratres, fortissimi christi athletæ, sepulti fuerant, cellam construxit, quæ postea in monasterii amplitudïnem surrexit, haud ità multo post temporum injuriâ funditùs destructum. Qua de re, pluribus verbis eorundem Ferreoli et Ferrucii historia tractat.

Chelidonius, Archiepiscopus, Bisontii cathedram administravit sub Honorio imperatore, circiter annum 417.

Prothadius, post Chelidonii obitum, datur Vesontioni archiepiscopus, Clotharii, Francorum regis, tempore, anno Christiano 502.

Felix quispiam archiepiscopus Bisontinus fuit, cujus suasu, Sigibertus, rex Angliæ, literas primas invexisse, ac Cantabrigiæ publicam Academiam excitasse fertur, anno Christiano 630.

Hugo à Chalon, archiepiscopus Bisontinensis designatus est, annum circiter 1050, Henrico 2, imperante. Huic tanti oneris successor et hœres fuit Joannes à Chalon, ejus nepos ex Joanne à Chalon fratre, et Margaretâ Hugonis. ducis Burgundiæ, filiâ Is multa immutavit de institutis priorum.

Dux Suevorum quispiam, imperatoris Friderici primi, Barbarosse dicti, filius, archiepiscopus fuit Bisontinus, sub Urbano tertio et Gregorio octavo, pontificibus. Obiit in Accone, cùm à Turcis obsideretur, anno 1190. De quo rhythmi duo extant apud Monachum Florentinum, Acconensem archiepiscopum, in Lib. *De recuperata Ptolemaïde*, laudes ejus, et omnia quæ vel fecit in Accone, vel perpessus est, continentes. Hos ex parte placuit subjicere; nam longum fuerit integros connectere.

> *Quid de Archiprœsule dicam Bisuntino ?*
> *Vir est totus dleditus operi divino :*
> *Orat pro fidelibus corde columbino,*
> *Sed pugnat cum perfidis astu serpentino.*
> *Fecit hic arietem, quem defero texit,*
> *Qui nostrorum animos plurimùm erexit*

Et quæ sequuntur plura. Iterum :

> *Hinc archiepiscopus gemma clericorum*

Bisuntinus obiit, Dux que Suevorum :
Qui, nisi contraria foret sors fatorum,
Stravisset innumeras acies Turcorum, etc.

Odo à Rubeomonte archiepiscopus Bisontinus fuit, etsub eo congregatum fuit concilium provinciale, anno Domini 1281.

Theobaldus ecclesiæ Bisontinæ prefuit circiter annum 1395, sed quàm diù, aut quando mortuus, ignoro. Is nostrum collegium Nozeretanum juris communis vacatione donavit.

Quintinus archiepiscopus Bisontinus fuit, sub Eugenio, pontifice 4, anno Christiano 1442, Ludovici à Chalon, aurengiæ principis, tempore.

Jo. Cardinalis Rothomagensis, archiepiscopus Bisontinus, quem mox in archiepiscopatùs administratione sequutus est Carolus à Novo Castro, circiter annum 1477. Qui multa, quæ pertinebant ad cleri honestatem, et dignos ecclesiâ Christi mores, ritusque, necessaria præscripsit, quæ omnia veræ nobilitatis ac eruditionis testimonia existunt. Is Prothadii, Fœlicis, et Jo. Cardinalis Rothomagensis, in epistolâ quàdam mentionem fecit, quæ nostrarum precum Diario præfixa est.

Nostrâ autem ætate, fuit archiepiscopus Bisontinus, Hieronymus Buslidius, apud Belgas quondam Philippi, ex Mariâ Burgundâ, Maximiliani Imperatoris filia, preceptor : vir omnibus ornamentis clarissimus, ac bonarum litterarum incomparabilis Mecænas. In quarum gratiam publicas œdes apud Lovanium extruxit, atque novum collegium instituit, hâc ætate cum primis florens, in quo publicitùs et gratis tres linguæ traduntur : Hebraïca, Græca, Latina, salario satis magnifico.

Huic mox successit Antonius de Vergeyo, circiter annum Christianum 1515.

Quo mortuo, Petrus à Bauma, Burgundiæ Cardinalis, suffectus est. Is Claudium à Bauma, ex fratre nepotem, sibi substituit, adhùc dum hæc scribimus, adolescentem incorruptæ indolis cum corporis optimâ pulchritude admirandum, tum claro ac vivaci ingenio excellentem ; quem Antonius Lullus, theologus Dolæ, liberaliter instituit, ad summam virtutem expectatum.

Interim archiepiscopatus administratio præcellenti D. Francisco Bonvaloto, Luxoviensi Abbati, à Carolo V. Cesare delegata est.

In iisdem porrò vulgaribus nostræ gentis annalibus, apparet, Joannam, Othonis hujus nominis primi Burgundiæ Comitis, filiam, in D. Stephani sacrâ œde sepultam esse; quam construxit Stephanus rex; ea postea à Carolo Magno instaurata fuit. Tum Vesontii ludos liberalium artium aliquot multæ celebritatis fuisse, in quibus multi et eloquentes et docti viri, litteras, et omnes denique liberales disciplinas profitebantur. Qui multo post

tempore collapsi barbaricarum gentium devastatione, anno iterùm 1540,
Antonii Perrenoti, Atrebatensi episcopi, rerùm status Consiliarii, et Consilii Cæsareæ majestatis præsidis, benignitate atque munificentia, Vesontioni sunt restituti : ad quos studiorum omnis generis, eorumque
alumnorum conventiculum adjecit, propositis professoribus magnis proventibus et præmiis. Quod à Carolo V. Cæsare postea, et à Julio Tertio,
Romanæ sedis Pontifice, constabilitum, et suis adornatum privilegiis et
immunitatibus fuit : in cujus rei auspicium doctissimos interpretes et præ-
legentes undique accersivit. In his, est D. Franciscus Richardotus, qui
pietatem cùm doctrinâ ita conjunxit, ut in utrâ excellat, dubium sit, et
cujus laudes et virtutes si ultrà prædicare pergerem, vereor ne invidiosus
et suspectus reddam, quòd ejus sim cliens et amicus Stephanus item Pra-
tanus, vetus amicus noster, qui per plurimos annos summâ cum laude
litteris et moribus civitatis juventutem formavit. Sub te, mi Babete, eru-
ditissime atque candidissime, plurimi etiam adolescentes nobiles ingenii
cultum recipiunt.

Sed in primis probatur hodie hæc civitas, quòd magistratum ex jurisco n-
sultissimis viris, morum æquè honestate, ac virtutum omnium, præcipuè
verò justitiæ splendore emicantibus, conflatum habeat. Inter quos est Guido
à Vers, consularis vir, avunculus meus, Dominus à Téz.

> *Nam pius hic, prudens que simul sanctus que Senatus,*
> *Legibus et justis, et religione severâ*
> *Servat in officio populum : tàm fontibus æquus*
> *Plectendis, quàm digna probis ad dona vehendis.*

Est præter hanc magistratum, et alius Pontificius, quo qui fungitur,
officialis nuncupatur. His apud D. Joannem presunt duo judices, quorum
unus ab officio cathedrale templum, magnificam curiam habet, jura præs-
cribit, causasque et controversas ecclesiæ audet, et distinguit, sacerdotum
videlicet et Parochorum per universam Burgundiam constitutorum. Quò in
munere laboris socios, extrà urbem per diversa diœceseos loca distributos,
habet decanos, quos rurales vocant, *Sextanum, Montanum, Salinensem,
Varescum, Ledonensem, Dolensem, Trabensem, Greyum, Faverbensem,
Neublancum, Grangiensem, Rubimontanum, Luxoviensem, Pemensem, et
Joyacensem.*

In urbe, verò, summum archiepiscopi Vicarium, et Archidiaconi canonicum, judicem habet, qui controversias minores distinguit. Si quæ gravio-
res inciderint, ad archiepiscopi Officialem refert, tanquam ad judicem
ultimum judicantem : cui adjuncti sunt Notarii et Assessores, causarum
que actores, qui lites proponunt, et defendunt. Item, Pedellani, qui par-
tes convocat, et Cursores, qui citatoria curant. Is etiam causas matrimo-

niales, sacerdotumque crimina audit et distinguit, ac in omnibus, domini sui Archiepiscopi Bisontinensis vices gerit. Hoc munus commissum est domino Jacobo Perroto Dolano, Vesontii apud D. Joannem canonico, atque archiepiscopi summo Vicario, optimo, et jurisconsultissimo viro.

Alter vero judex est actionum criminosarum, quem arbitror ad utrumque magistratum, et civilem sive profanum, et pontificium sive canonicum, pertinere. Hunc hodiè Regalem vocant : quem agit Humbertus Jantetus, juris et usus fori consultissimus, et præterea, cordatus et circumspectus

In eâ etiam civitate, mihi quidem impensè placet, quod intra mœnia sint horti spaciosi, vineta, viridaria, quodque etiam meditationi ac studiis aptos recessus habeat.

Sed domus illæ septem caminorum et thermarum multis non probantur, in quibus puellæ, turpiter prostituto corpore, libidinosis hominibus serviunt, etiàm peregrinis, qui primo quoque tempore, illuc tanquàm in corruptæ et perditæ adolescentiæ scholam aliquam divertunt.

De hâc civitate, quæ apud præstantissimos scriptores animadverti, summatim, et brevius quàm tanta civitas postulabat, descripsi et exposui. Ad quæ adderem de origine et vetustate, nominisque ratione et etymo, de nobilitate, libertate veteri et insignibus, deque magistratibus urbis, tum de incommodis periculis, quæque illi vel à bellis vel incendiis acciderint; de mœnibus et arcibus munitissimis, deque ædificiis tùm publicis, quàm privatis, quibus hodiè ornata conspicitur ; denique, de familiis illustribus, et quantæ sanctimoniæ et constantiæ viros hæc civitas tulerit, quales fuere multi hujusce civitatis archiepiscopi, et numerosa beatorum martyrum turba in cœlum recepta. Postremò magnifica templa à recutitis et Sabbatariis constructa, quæ postea Christiani in sua templa converterunt, et memorabiles sepulturas : nisi te hominem summâ et doctrinâ et ingenio præditum, ac earum rerum exploratorem diligentissimum, ea omnia litterarum monumentis tradere, à Paride Favernero discipulo tuo, cognato verò meo, oppido quàm libenter acceperim : nisi etiam epistolæ prolixitas nos deterreret, istud etiam addere libuit.

Tametsi, hæc ipsa urbs per se sit satis clara atque admiranda, tamen etiàm quasi quibusdam luminibus illustratur ortu Reverendissimi et clarissimi D. Francisci Bonvaloti, Luxoviensis abbatis, viri omnium laude, prædicatione, litterisque decorandi ; tùm illa Granvillæ progenie et familiâ, atque ejus ædibus quadratis, et ad normam dolatis lapidibus, ac singulari quâdam artis peritiâ exædificatis.

Sed hinc rectâ ad Dubim fluvium civitatem propemodum ambientem, solvamus, de quâ breviter commemorabimus. Nam ejus mentionem apud alios, quàm supradictos, non memini vidisse, præterquàm apud Sleida-

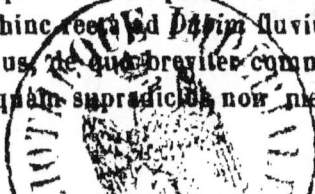

num, et Bocatium, *De Fluminibus*, ubi perperàm legitur : « Alduas dulis fluvius Volsontionis circuit civitatem. » Hoc, Micyllum, qui hunc autorem in Hervagii nostri gratiam ab innumeris mendis ac vitiis expurgavit, non observasse miror. Legendum : « Arduus Dubis fluvius Vesontionis civitatem circuit. »

Sleidanus, vir ætate nostrâ doctissimus, in *Galliæ descriptione* : Dubis, « inquit, quem Cæsar arduum Dubim vocat, non debet huc referri, qui « supra Vesontionem ortus, prope Virodunos Arari se conjungit. »

Miror quoque Paradinum hunc oriri non procul ab *Arari* scripsisse, cum constet et certum sit (nam ipsi sæpe vidimus) ex monte Jurà arduo et excelso, veterum literis celebrato, originem habere, atque juxta *Motam*, pagum amænissimum, et non modici nominis, quem interluit, irrumpere milliario uno, et altero à *Nozereto*, patriâ meâ, oppido loci naturâ, ædificiorum splendore, et civilitate eximio, atque emporio in omni Burgundiâ celeberrimo.

De quo si ex sese apertissima et manifesta, ac fortasse etiam plura dixero, quàm de Vesuntione fecerim, facilè tu, mi doctissime Babele, id mihi condonabis. Neque enim mihi est patriâ jucundius quicquam nec clarius. Hoc oppido, vix vidisti, situ spectabilius et amænius aliquid. Id enim editiori et aerio colli impositum, umbilicum superioris Burgundiæ agnosceres. Nàm, quantum circuitus, tantum habet planiciei, reliquum in valles ab omni plagà orbis declinat. Non est admodum amplum, sed tale, quod sua augustia quasvis amplissimas Burguudiæ civitates exuperat. Prioribus autem sæculis, et antequam mænibus cingeretur, Nucillum ac Nuceria, à corylorum nucum proventu dictum fuit. Hic enim locus frequentibus corylis consitus erat, et ipsum oppidnm inter coryleta jacebat. Sed princeps Ludovicus à Chalon, hoc nomine primus, ab expeditione Hierosolymitanâ in Burgundiam reversus, incarnatione verbi cœlestis reverentiâ motus restaurat, et, ampliato atque mænibus cincto oppido, Nazareth nomen indidit (quod interpretatur : floridum vel virgultum), à Nazareth, Galileæ urbe, edito quoque in loco sitâ, Angelicæ salutationis, sed et incarnationis verbi cœlestis, et nutricii Josephi memoriâ sacrosanctâ : A quâ etiam Christus, Nazarenus cognominatus. Id quod et aliis quoque multis civitatibus contigit, quæ diversæ iisdem nominibus dictæ fuerunt : ut Vercellæ Insubrorum, et Vercellæ nostræ ; Amantium Sycambrorum propè Namurcum, et Amantium ad Ararim ; Riva Frontini nostri et illa quæ non procul est à Mantuâ ; Rufacum nostrum, et Elsatiæ superioris. Quæ exempli gratia adduxisse sufficiat, juxta Virgilii illud :

> ......*Et crimine ab uno*
> *Disce omnes.*

Sed oppidi nostri hebræum nomen à principe nostro velut in coloniam traductum, vulgus, A in O et E immutato, Nozereth pronunciavit, ad Galilæi (ut arbitror) discrimen, aut, ut fit, quod verius est, in non intellectis.

Nozerethum autem nostrum nunc in trianguli figuram ità pulchrè construectum existit ubiquè, ut nullius privati insulam, sed magnatum jurares unamquanque domum. Domus enim in universum lapideæ sunt, et earum in commune æqualis ordo : inter quas primas tenet, quam magno sumptu œconomus Principis, Leo coguomento à Nozereth, decenter ædificavit, quæ in oculis quotidianoque populi Nozeretensis aspectu posita est. In oppidi porrò extremà austrum versus et præcipuà parte, est Arx Principis amplissima, et œdificio superbissima, quadrato, et ad regulam aptissimè conjuncto, lapide constructa, uno communique cum urbe muro inclusa, atque octo turribus præexcelsis valida, munitaque : quarum major, magnifica et elegans, plumbo intecta, inde illi nomen *Plumbea turris*. Reli·quæ sunt petrà tectorià integulatæ. Arcis tecta ex coctilibus operimentis sunt contexta. Ejus introitus ad aquilonem, per aream, quæ prima occurrit antè arcem, ædificiis et muris undiquè septam, in quà equilia, horrea, ferraria, et macellum sunt. Dehinc vallum et præcipites fossæ sequuntur, quibus undiquè præcingitur arx; et in his pontes ad geminas portas, post quas est porticus, sive cavedium magnificum. Intra arcis muros in medio, est spatium quadratum et vacuum, area quoque dicta, in quà sunt quatuor angulares turres, sive cochlidia, claviculatà et tortili structurà, per quæ ab imo et cœnationibus in superiorem arcis partem ac cænacula ascenditur, neque prius, quàm centenarium expleverint numerum, desinentia. Hic enim absolutus numerus scalarum terminus est. In medio areæ est cisterna, et ad primum cavedium fons proflucus.

Ad Occidentem est aliud cavedium, post quod sunt profunda cochlidia, quibus in stadia, hortos, et viridaria descenditur : in quibus sunt porticus, areæ magnificentissimæ, vivaria, apiaria, et piscinæ, circumquàque item turres et propugnacula. In cœnationis autem orientalis extremo est delubrum, in quo musici aliquot rem divinam sacramque peragunt. Proximè, et secundum hoc, est cochlidium omni curà et arte extructum, ad turrim quæ foris est angularis et quadrata : Fastigio hujus cochlidii est appensa delubri campanula.

Insunt pro tuitione non solum arcis sed et oppidi, tormenta sive machinæ bellicæ, quas bombardas à sono vocant, grandes, mediocres, et leves, id est campestres : item equestres, oblonguæ et manuariæ Grandium maxima, admirandi operis, longa est octodecem pedes, cujus lapidei globi trecentas et triginta libras ponderant.

Pro apparatu autem parietum insunt etiam picta tapeta, aulæaque aurea, et versicolori texturâ spectabilia, quorum præcipua sunt quæ veteris et novi Testamenti argumenta continent. Hæc arx hactenùs ob loci amœnitatem, salubritatem, et venationis copiam, ab Aurengiæ principibus culta fuit.

Sed nunc in civitatem revertamur, quæ habet duo Collegia: alterum Canonicorum, alterum Franciscanorum minorum. Utrumque ingentia, ædificia splendida, ac magnifica templa marmore, signis, tabulis, picturis, atque omni nitore fulgentia habet. Nec etiam caret πτωχοδοχειω. Circiter autem annum Christi millesimum quadringentesimum, Joannes à Cha-

NOZERETUM.

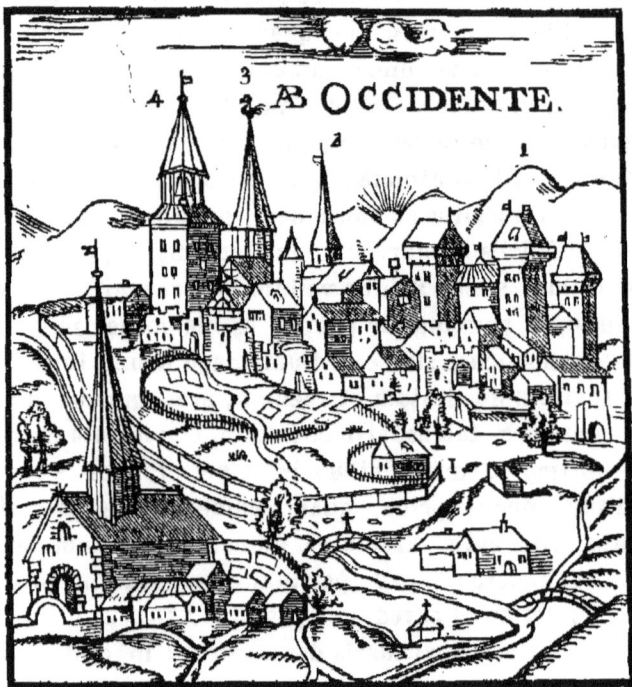

1 Castellum. — 2 Canonicorum collegium. —
3 Franciscanorum conventus.—4 Turris horologii.

lon, Aurengiæ princeps, et Maria de Baul, ejus uxor, in xenodochio pene vetustate collapso, novum D. Antonio dedicatum templum, unius decani et sex canonicorum conventiculo adjecto, maximis sumptibus extruxerunt et posuerunt, atque perpetuas preces in singulos annos statutis censibus constituerunt. Illud posteà partim à Lodovico horum primogenito, partim à Guidone ab Esternol, equestris ordinis et parocho in Coulans locupletatum, et multis prærogativis sub annum 1424, stabilitum est. Illi quoque juris communis vacationem et privilegium à Theobaldo, urbis Bisuntinæ archiepiscopo, collatum fuit, anno 1422. Ad hoc autem templum prioratus et parochia Migiensis, cum omnibus prædiorum ecclesiis, in quibus primariæ *Mignovilarensis* et *Frarodensis*, annectuntur. Sed in recens posito templo constituti sunt ab eodem principe Joanne:

Hugo Bardelerus, decanus.

Erasmus Constantinus, Humbertus Vicinus, Petrus Sordetus, Guilelmus Buchinus, Johannes Noyronus, Jacobus Vuilheminus, canonici.

Post Hugonem Bardelerum, decanus constituitur Stephanus Vignerus, qui obiit anno 1505.

NOZERETUM.

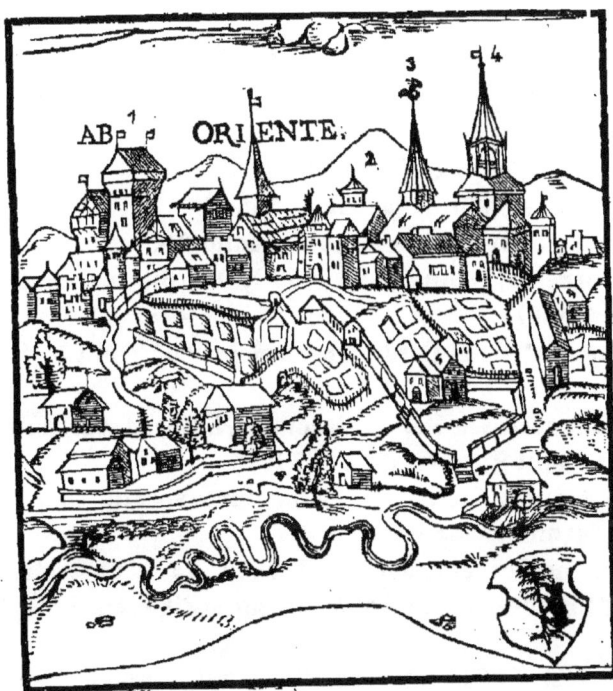

1 Castellum.— 2 Gilberti Cognati bibliotheca.
3 Franciscanorum conventus —4 Turris horologii.

In cujus locum successit Petrus Nicod. Is decessit 3. julii, anno 1507.

Cui substitutus est Alexander Ravergnerus, jam canonicus, qui obiit 25 januarii, anno 1517.

Huic suffectus est Joannes Clericus, jam canonicus. Obiit 4. calendas septembris, anno christiano 1523.

In hujus locum successit Joannes Tornon, I.-V. doctor, et canonicus, qui quum officialis Bisuntinensis officio fungeretur, 2. augusti, anno

Christi, 1547, fatorum iniquitate intempestivè abreptus, in æde D. Stephani sepulturæ traditus est.

Sed eo adhùc vivo, in decanatu suffectus fuit Stephanus Tornondus, ejus frater, artium magister, ac utriusque linguæ peritissimus.

Post autem sex primos canonicos, constituti sunt qui sequuntur :

Alexander Sordet.

Joannes Sapiens.

Hugo Chaperon.

Hugo Bardelerus, Hugonis Bardeleri decani nepos.

Petrus Corderus, qui xenodochium ad *Nodi* portam construxit, 27 aprilis.

Petrus Cugnetus, legum doctor ; obiit 13. septembris, anno 1494, à meridie. In eodem templo sepultus.

Stephanus Galerus, musicus.

Joannes Basivetus ; obiit 8. julii 1526.

Erasmus Galtherus ; obiit 4 januarii 1535.

Petrus Morond ; obiit 17 calend. junii, anno 1531.

Stephanus Fornerus, natus anno 1479, constitutus canonicus anno 1500, die verò 7 julii.

Claudius Corderus, Petri Corderii canonici nepos. Obiit 5. idus augusti, anno 1524.

In cujus locum successit Petrus Garnier, Philiberti Aurengiæ principis ab eleemosynis. Obiit 9, novembris 1531.

In canonem Joannis Clerici, ad decanatum vocati, successit Jacobus de Henauldus, legum doctor.

Mortuo Stephano Fornero, Joannes Tornon, in cauonicatu substitutus est. Cui, constituto decano, in canonem successit Franciscus Bardelerus, musicus.

Post obitum Joannis Basiveti, constitutus est canonicus, Joannes Salvianus, Philibertæ à Luxemburgo aulicus, et nepotum ex fratre præceptor.

Petro Garnero mortuo, suffectus est Alexander Sonbardeus, 20 novembris, anno Christi 1531.

In locum Petri Morondi, successit Erasmus Jacobus, 3 octobris 1554.

Gilbertus Cognatus Nozereti, ex patre Claudio Cosino et matre Joannâ Daguet, natus, die mercurii, 21 januarii, horâ fermè sextâ matutinâ, anno 1506, regnantibus apud Germanos Maximiliano, Friderici, ejus nominis tertii imperatoris, filio, 28 Germanorum imperatore ; in Galliis verò, Ludovico 12 ; Romæ, Julio 2, pontifice, — Desiderii Erasmi Roterodami discipulus et amanuensis, atque hujus chorographiæ autor, primus canonicus á Renato Nassovio, Aurengiæ principe, Philiberti à Chalon successore, inauguratus est ; successitque in Erasmi Galtheri canonem postridiè quo is decesserat.

Eo in templo, præsigni magnificentiâ honorarium monumentum è marmore ad summum altare extructum est Claudio, filio Joannis à Chalon, principis Aurengiæ, et Philibertæ à Luxemburgo. Is obiit 8 novembris 1500. Hujus, vero, tumuli tale est epigramma in tabulâ parieti affixâ :

> Hoc jacet in tumulo, raptus puerilibus annis,
>   Claudius heroi cura dolorque sui
> Annadomans Gallos et prisco jure Britannos,
>   Ut mos est sacro fonte levarat eum :
> Bis qui nos tantum lustrarat Cynthia menses
>   Quùm tulit humenti frigida membra solo.

Erasmo Jacobo mortuo successit Hieronymus Ludet, anno 1552, quindecimâ die novembris, qui suum contulit canonem pensionis jure Francisci Tornerio, 4. augusti anno 1556.

Joannes Massonus in locum Francisci Bardeleri defuncti successit, anno 1558. calend. augusti.

Contulit quoque suum canonem Jacobus de Henauldus Ludovico Regulo, et permutationis et pensionis jure, anno domini 1561, 12 die mensis martii.

Johannes Salvianus Joannis Salviani patrui sui vitâ functi canonem consequitur anno domini 1561, mense julio.

Perrò, huic templo supremi cives et potentissimi, sacellum magni operis Trinitati consecratum adjecerunt, anno 1515 , quod amplis donativis locupletaverunt, multaque illi in dies morituri legant. Nam horum quidem rebus humanis exempti sunt, quorum nomina sunt hæc : Jo. Clericus, decanus, Jo. Basivetus, Claudius Corderius, Erasmus Galtherus, Petrus Morondus, omnes hujus templi canonici ; Bernardus et Joachimus à Chalon, fratres, genere nobiles ; Claudius Montrichardus, principis œconomus. 18 augusti 1529, obiit. Claudius Cosinus , parens meus, septuagenarius decessit 14 martii, anno 1548 ; cui Joannes Surrinus et Joan. Herold τα επιταφὶα posuerunt.

> Ossa cinisque jacent numerosa prole parentis,
>   Sedibus Uraniis quem pia vita beat.
> Corporis hinc cœlo posita post mole recessit
>   Spiritus, at gaudet corpore dives humus.
> In cœlum patriam reduci gratare viator,
>   Et te ducat eò : carmine flecte Deum.

In tumulum Claudii Cosini Nozereni Deo sanctorum hospiti S.

Hunc qui noverunt, à numerosa sobole, piis frequentibusque lacrymis, et Joanne Daguet, consortis fecundæ insignisque pudicitiæ fœminæ luctu, huic tombæ reconditum, Claudium Cosinum, eundem erga exteros hospitalitatis, officiosæque in omnes humanitatis exemplar singulare fuisse testantur. Quâ fide, autem, principes suos coluerit, illi attributa ab iisdem, cum summâque ipsius laude perfuncta patriæ præfectura ostendit : in quâ boni civis laudem ac amantis patriæ cognomen promeruit. Pietatis deindè, integritatis, et frugalitatis suæ testimonium extat per amplum, proles illa læta quæ cum Burgundiaci nominis gloriá, ad celsissimos dignitatis et honoris gradus evecta, regibus et viris principibus grata, genti Cosiniæ nobilitatem adauget. Quâ inter, ut sol cœtera sidera, Gilbertus F. splendore literarum bonarum, Sequanam omnem longè, latèque illustrat; ità ut Phœnicis in morem, illum hujus vitæ vicem propagine æviterna commutasse solùm, non minus piè credatu, quàm certum est, in Abrahæ, omnis hospitalitatis autoris, omnia recolli genti sinu, placidè Angelorum ad cœlestes epulas vocantium vocem et tubam ipsum expectare. Has igitur vitæ honestæ merces, hos sanctæ traducis fructus, Lector, senex qui intus, ut amplectaris constanter te admonere jussit, cum jam septuagenarius discideret, anno à nato Christo M° D° XLVIII°. Prid. eid. Martias.*

Basilius Joannes Herold, patrono benem. Den. P.

Girardus Malpartuus; Joan. Dehenauldus junior, Principis quæstor, obiit 15 april. 1548; Petrus Cunetus; Hugo Cunctus; Guilhelmus Grand; Claudius Glanius, Aurengiæ præses; Marcellus Revergnerus; Adrianus Farodus; Laurentius Remondus, Antonius Catus, juris doctor; Petrus Montenetus; Guilhelmus Vermodus, 6 martii 1526, obiit. In hujus obitum Guilhelmus Vermodus, ejus nepos, epitaphium scripsit hoc :

> *Quem Princeps magni quondam Philibertus honoris,*
>   *Burgundæ gentis præsidiumque decus,*
> *Ut sibi consuleret, rerumque minister ut esset,*
>   *Proh dolor! ascivit, conditur hoc tumulo.*
> *Et licet ulla queat Parcarum haud frangere mentem*
>   *Relligio, pietas, justitia, atqae fides,*
> *Non tamen interiit volitet cum fama per orbem*
>   *Sic sua, quæ nullo est interitura die :*
> *Sed sibi pro meritis etiam Burgundia multis*
>   *Dicet, Vermodi molliter ossa cubent.*

Balthasar Belotus decessit 15 novembris 1541; Jacobus Tornon, 5 de-

cembris, anno 1550, obiit; J. Rateus obiit 5 februarii 1546 ; Antonius
Sombardeus ; Junotus Parcent ; Rogerus à Vitro ; Hugo Bardelerus, 14
septembris 1528 obiit ; Nicolaus Bovotus.

Hi ferè omnes in eodem templo, sub marmoreis quadratisque lapidibus sepulti sunt, in quibus mortis annus et dies grandioribus literis ex-
sculpti visuntur. Superstites, autem, tantummodo duo sunt : Petrus Ni-
codus et Claudius Belotus, Balthasardi frater. Sed in demortuorum
quorundam locum filii et hœredes successerunt, in quibus sunt : Franciscus Rateus ; Philibertus Belotus ; V. I. doctor ; Antonius Belotus, fratres,
filii Balthasardi, et Claudius Cunetus. A Calendis autem nomen habet hoc
sacellum, quibus singulis olim cœtus inter se celebrabant, atque re divinâ
sacrisque ritè peractis, lepidissimè convivabantur. Sed hodiè quater tantum in anno, et ad sacrificium et ad convivium conveniunt.

Portæ autem oppidi, præter Portellam, duæ sunt : una, horologii dicta,
contra aquilonem, quæ, prœter propugnaculum, altam et magnificam turrim habet, formâ quadrangulari ; sed in nullo ferè alio usu, nisi quod
horologium continet ; altera Nodi frontis ad occasum, cui quoque cum
propugnaculis est turris alta et quadrangula, prope quam sunt xenodochium et studiorum gymnasium, quo adventantes excipiuntur pauperes.

Habet, præterea, hoc oppidum, præter vias mundissimas, silicibus
stratas, quos Trebium vicus suburbio proximus copiosè subministrat, am-
plissimum forum, et macellum, in quo omnis generis merces, et quæ ad
quotidianum usum necessaria sunt, venalia habentur. Juxta quod est
Prætorium. Habet et cisternas altissimas et elegantissimas quatuor ; fontes item amœnissimos tres, quorum margines includuntur lapidibus sectis
artificio indissolubili ; tum mœnia elegantissima, quadrato etiam lapide,
circumque vagari licet. Turres frequentissimas, æquis inter se spaciis dis-
junctas, fossas, propugnacula, suburbia ; hortos excultos amœnissimos,
et apricos, arborum et herbarum esculentarum, et quæ ad nostra medica-
menta conveniunt, quæque blandiuntur naribus, quæque gulæ faciant sua-
vem oblectamina orexin, feracissimos.

Hujus loci incolæ sunt civiles, sermone blandi (horum enim lingua inter cæteras imprimis elegans, suavis, et aulica est), moribus mansueti,
verèque pietatis in Deum cultores. Bellicosi etiam, ubi res exigit, suoque
principi valdè fideles. Nec negligunt studia, præcipuè literarum meliorum,
quas aliquando feliciùs quàm cæteri discunt, si modo à teneris annis
præceptoribus eruditis tradantur. Hìc enim semper floruit bonarum literarum schola.

Hìc, præfectus juridicus est Joannes Chappusius, experiens litum dis-
ceptator, promptæque jurisdictionis, tùm expeditæ locutionis, et rei cons-
titutæ. Antonius Monrichardus arcis et oppidi præfectum agit.

Ex hoc autem oppido genus suum duxit inclytus heros, Philibertus à Chalon, Aurengiæ princeps, qui industriâ et ingenii magnitudine, cæteros ætate suâ principes longè antecellabat ; cujus rerum præclarè gestarum historiam antè aliquot annos in publicum emittendam curavi. Sed hujus nobilis stirps nostrâ ætate, bellorum incommoditate, fatorumque iniquitate, esse desiit.

Ortus est et Joannes Furnus, vir ingeniosus politusque, reverendissimi et illustrissimi archiepiscopi Bisuntinensis à secretis. Is avúm habuit Bernardum Du Four, militem è custodia corporis D. Johannis à Chalon, qui bello Durnensi interfuit, cujus equus cùm illic ipse fortissimè dimicando occubuisset, ephippio instructus solus Nozerotum ac domum rediit, magno omnium stupore et admiratione. Habuit patrem hominem et in picturâ ac statuariâ alterum velut Parrasium.

Interciderunt et aliæ familiæ, opibus et claritudinè generis præcellentes, quorum catalogus is est :

Beregardorum. Ferunt hanc prosapiam ædes habuisse, ubi hodiè est Franciscanorum ortus.

Elyonum. Habuerunt domum illam angularem in foro boario, quam modò Vuilhemini tenent. Hæc hodie prosapia Pontarli superest ; undè magni nominis duo fratres prodierunt, Caroli V, Cæsaris aulici. Dionysius Elyon, cibariorum et ferculorum cum bacillo præambulator, et Guyon Elyon, cellæ vinariæ præfectus,

Parretorum Quorum ædes hodiè possidet Girardus Bardelerus.

Bereparorum. Horum nobiles ædes 'erant ùbi nunc area Franciscanorum.

Cullhelmi à Depinet.

Petri à Juniis. Cujus filia, Claudii Monrichardi uxor, adhùc in vivis est. Ejus hodie insignia in fenestrâ templi D. Antonii cernuntur : clypeus ex argento et rubro divisus est, ac in argenteâ parte clavem rubram, in altera ensem argenteam habet.

Nothorum à Chalon nostrâ memoriâ novimus : Joannem et duos ejus filios, Bernardum et Joachimum, et Philibertam filiam, quam Philippus à Baden, qui decessit 1 augusti 1548, uxorem habuit ; ex quâ suscepit Bernardùm à Baden, et Catherinam filiam. Illis supersunt ædes splendidæ in vico quo ad Nodi portam descenditur.

Philippi Busquet, qui apud Franciscanos sacellum construxit, quo non facile dixerim unquàm me aliud vidisse aut pulchrius, aut elegantius ; in quo non inelegantia mnemosyna visuntur. In his est altaris tabula omnium elegantissima, in quâ princeps Joannes à Chalon, et ipse, mensæ accumbentes juxta Christum, cum nonnullis aliis tantâ arte, tantâ diligentiâ et curâ depicti sunt, ut intuentes non imaginem se, sed ipsissimos Principem et Philippum Busguet intueri arbitrentur. Hoc enim tàm absoluto opere oculi valdè pascuntur. Sunt et statuæ è pulcherrimo marmore cum sarcophagis, in quibus ipse cum familiâ sepultus est.

Leonis Alexandri à Nazareth. Cujus ædes illæ magni operis erant. Is sacellum in D. Antonii templo construxit, in quo tantus vir sepulcro clauditur parvo. Is obiit 17 januarii, anno chistiano 1426.

Alexander à Billecu. Principis questor generalis, diem suum obiit 20 julii 1426. Postremus hujus stirpis fuit Joannes. Sepulti cernuntur intra templi nostri cancellos, ad parvum altare

Maginorum. Cujus prosapiæ fuerunt : Joannes, Nicolaus et Alexander, quem legimus fuisse Migiensem parochum. In D. Antonii templo parochiæ sacellum posuerunt.

A Bello Campo. Hujus familiæ legitur Joannes procurator generalis.

A Porco. In quâ stirpe fuit Stephanus.

Cohardorum. In quâ familiâ reperimus Huettum, Ferrutium et Joannem. Item Stephanum, templi D. Antonii ædituum.

Bovardorum. Hujus prosapiæ fuit Jacobus, Principis à consiliis et prætor.

Rosariorum. Ultimus hujus prosapiæ fuit Lazarus, Joannis Rosarii filius, qui omnia sua, brevi tempore decoxit.

Gominorum. In quâ familiâ reperimus Gilbertum, principis Aurengiæ aulicum, qui mihi fuit lustricus parens. Is sine successione obiit.

A Vitro. Petrus obiit 24 julii 1547. Rogerus postremus fuit, relictis tantùm filiabus aliquot.

A Ploisy. Petrus à Ploisy fuit dispensator Philiberti à Chalon, principis Aurengiæ. Obiit 7 januarii 1531.

Remondorum. In hâc familiâ fuit Laurentius, qui in D. Antonii templo, sub campanario sacellum constituit.

Vermodorum. Guilhelmus, principis Philiberti à secretis, et subductor calculi. Petrus, ejus filius, obiit 8 aug. 1539. Hujus epitaphium hoc est, per Guilhelmum Vermodum :

> *Vivere qui meruit per longos Nestoris annos,*
> *Vermodus, fit nunc vermibus esca putris*

Habent ædes haud procul à foro, magnificè extructas

Jo. à Goult. Quo nomine hunc tantùm reperi, qui sacellum in D. Antonii templo construxit.

Escuyer. Quo nomine stirpeque fuerunt Erasmus, Joannes et Guilhelmus, Salinis apud D. Anatolium canonicus.

Sed quando in eos incidimus, qui in vivis esse desierunt, avum meum

Guilhelmum Cosinum, qui mense aprili, anno 1519, obiit, atque duos fratres meos, Stephanum et Ludovicum, hìc addere libet : quorum primus, Conredensis castri præfectus apud. Brabantos, non longe a Namurco, cum multo tempore undiquè hostibus Gueldriis, quorum dux erat Martinus Vanroussen, conclusus oppugnationem sustinuisset, ad postremum viribus confidens, cùm nullas suppetias haberet, et castrum simul et vitam amisit, anno 1542, mense Augusto : vir, meherculè, qui meliori fuisset fortunâ dignus. Alter in anglicanâ expeditione et militari apparatu adversùs Gallos, anno 1546 occubuit.

Cœterum, hic stato anni tempore, aguntur nundinæ celeberrimæ, quater in anno, videlicet statim post Pentecosten, omnium sanctorum festum, Purificationem, et prima Quadragesimæ septimana. In D , porrò, Antonii festo, cui templum nostrum consecratum est, veteri et ethnico more atque ritu, ex totâ vicinià ingens hominum multitudo confluit, cùm ob D. Antonium, tùm ob elegantissimarum puellarum conventum, quo nullus est in totâ Burgundiâ celebratior. Eum diem in jocis, ludis, in tripudiis et saltationibus, in letitiâ, compotationibus , commessationibus, rixis et pugnis degunt. Sic enim quondam ethnici colebant Bacchum suum. Neque desunt his tantis oppidi nostri commoditatibus suæ deliciæ. Nam, ab oriente et meridie plateam habet mœnibus contiguam, vulgò dictam Portellam, in quâ plurima ex adnatis arboribus, et arborum expansis ramis, umbra, in quam cives, si quando ludere voluerint, et ab æstu su doribusque recreari, se recipiunt :

Hic scuto hostiles ictus eludere discunt,
Quàque hostem contrà parte ferire queant.
Arcus ast alius curvat, tenditque subindè
Emittens certâ noxia tela manu.

Hic aviculæ passim dispersæ , accolas suavissimo cantu, exhilarant; maximè verò quæ cæteris sunt vocaliores, adeò audientium aures permulcent, ut hâc musicâ deliniti, omnium laborum, omniumque curarum obliviscantur. Hic et enim cum amico dulcissima colloquia et longissima connectere, vel colludere, summa est voluptas. Dignam studiis, mî Babete, dignam Musis sedem diceres. Hinc quamcunque in partem oculos admoveris, omnia nativo decore nitescere, et quasi lætitiam quandam ex se videntur effundere : tanta villarum amœnitas, camporum fertilitas, nemorum pratrorumque viriditas undiquè refulget.

Ad hæc, cœli rara quædam ac grata temperies, ex vicinis oppidis multos, propter morbos et corrupto aere contractos, hùc valetudinis gratia, velut ad salubritatis asylum advocat.

Insignia nostri oppidi sunt : ursus abieti acclivis in rubro clypeo cùm interjecto medio aureo.

Nunc in agrum descendamus.

Habet insuper nostrum oppidum pagos et vicos amplissimos, qui neque cultu et ædificiis, quibusvis oppidis cedunt, supra sex et triginta. Inter quos *Migiæ* agri matrocomia, pagus omnium planè celebratissimus, in quo est basilica major, D. Germani titulum gerens ; cujus, propter eximiam pulchritudinem et magnificentiam, longè latèque fama vagatur, et plurimum agri nostri illustrat gloriam. Nam ab eo nomen adsumpsit. Reliquorum pagorum et vicorum nomina sunt hæc : *Mignovillars* ; *Frarol* ; *Cuvier* ; *Bief-du-Fourt* ; *Froidefontaine* ; *Mourenant* ; *Charancy* ; *Doye* ; *Charbony* ; *Onglières* ; *Plenise* ; *Plenisette* ; *Esserval-Tertre* ; *Esserval-Combe* ; *Censeaul* ; *Grangettes* ; *Bocherins* ; *Communailles* ; *Villars* ; *Esavilly* ; *Lancochon* ; *Molprez* ; *Trebie* ; *Rix* ; *Billecuz* ; *Favière* ; *Latete*, sic dictus quòd lateat ; *Cerniebaut* ; *Arceures* ; *Arceurettes* ; *Gardeboys* ; *Vessoye* ; *Biez-de-Maisons* ; *Patet*, ideò sic dictus quòd pateat ; *Bonnet*.

Quorum tres habent sua templa cùm subditis vicis : videlicet, *Mignovillars* ; *Frarol* ; *Cuvier*. Tres, item, sua sacella : *Bief-du-Fourt*, *Froidefontaine*, et *Billecu*.

Ager cum primis uberrimus est, vel pecori alendo, vel fæcundæ sementi aptus. In eo, enim, nascitur triticum purum, filigo, hordeum, avena, faba, pisum, lens, vicia, et alia legumina.

Jumentorum et pecudum summa est fæcunditas, quæ incolentium nutrimento non levem præstant utilitatem. Arboribus plenus est : pomis, piris, avellanis, et prunis, æquè mansuetis atque sylvestribus abundans. Montibus excelsissimis et nemorosis undiquè circumvallatur. Longitudine autem trium, latitudine verò duum millium est ; et irrigant eum fluvii tres amænissimi et pisculenti, quorum duo ab occidente collis radices præterfluunt, tertius è combâ veteri erumpens, et in stagnum suburbanum se effundens, ab Oriente alluit, qui à nobis Serpentinus dictus est, quòd in lubrici anguis morem procedat, et multiplices gyros ac ambitus trahat, Undiquè, enim, sunt piscium vivaria frequentissima. Hi, autem, tres fluvii ad teli jactum in quendam locum pronum feruntur, atque ibidem septem molendinorum rotas agunt. quæ à saltu denominationem sumpsère. Aquæ enim alti de vertice montis cum magno impetu atque strepitu saltuatim precipitant se, ac ruunt potiùs quàm fluunt.

Perfluentium porrò per valles fontium magna est hic copia, multæ deniquè frigidissimarum ac dulcium aquarum scaturigines sunt et aliquot stagna insignia et piscosa, quorum præstantius nostro adjacet suburbio, quod carpiones et lupos expediti saporis habet.

Fuerant autem in eo aliquot arces, quæ bellorum calamitatibus extremam passæ sunt desolationem, et tantum illarum visuntur ruinæ : in his fuit *Molprensis*, à Bar dicta. Ad occidentem, porrò, partem, apud *Charancum* vicum, in eo quotidie innumera Romanorum numismata, quorum nonnulla vidi, effodiuntur et reperiuntur.

Quòd si quis nemoribus oblectetur, habet quocunque se vertat, montes sylvosos, agrum (ut dixi) circumvallantes, in quibus varios avium cantus audire licet. In his etiam sunt timidi et fugaces cervi, lepores, deniquè ferarum omne genus. Ex his etiam alia innumera proveniunt commoda, ligna præstantissima et immensæ longitudinis, atque ædificiorum materies. Hic quoque resina legitur.

Sed de Nozeretho ejusque agro satis dictum esse exîstimo.

Ad meridien est mons arduus, *Syrodo*, grandi et celeberrimo pago imminens, agrum nostrum à Syrodensi, ad secundum teli jactum discriminans. Is sinuosos habet receptus nonnullos, inter quos *Dani* flumen effundit ad hunc modum : Postquam descenderis, est antrum profundi præcipitii, et intus fons imperscrutabilis profunditatis, latitudine forsitan ad passuum decem. Huic rupes horrendæ imminent, quæ contemplantibus horrorem planè incutiunt; ac per gurgitem altissimum tanta aquarum copia ebullit, ut statim in ipso ortu (dictu incredibile) flumen navigiis, si ob rupes et saxa per quæ devolvitur, liceret, satis capax esset. Ausim affirmare, plus aquæ ex istâ voragine erumpere, quàm vel Lycus in Danubium, vel Arula in Rhenum defert. Nostris *Rivière d'Ain* vocatur. Fluvios in se recipit varios; tres nostros propè fontem : *Senam*, fluvium famâ et naturâ ingentem, ex *Fonssenâ* pago ab eo denominato exorientem, ac saxosâ convalle per Plancas et Sienum vicos labentem juxta *Burgum* oppidum. Alium, item, quem incolæ *Angelionem* vocant, paulò supra *Pontem navis*. Et sic aliis sexaginta auctus fluminibus, decurrens ac præterlabens per superioris Burgundiæ, quæ Comitatùs nomine censetur, meridionalem partem, atque Secusiam, quæ in *Dubidis* et *Rhodani* medio jacet, in *Rhodanum*, sed milliaribus aliquot infra *Genevam*, et supra *Lugdunum* illabitur. Inde Rhodani nomen compositum esse arbitror.

Pisces habet præcipuos, et expetiti saporis, troctam et auratam. Alia genera innumerabilia sunt, maximè minutorum et mugilum.

Sed quandò viciniam nostram attigimus, non incommodè nos facturos arbitramur, si è multis superioris Burgundiæ oppidis, quæ circum se Nozerethum habet, pauca nunc pro viribus explicaverimus, ut non hujus ætatis hominum modò, sed et posteritatis gratiam mihi conciliem, quandoquidem illa fere autores omnes, et Græci et Latini (nescio quo fato) intacta reliquere.

Juxta autem institutum iter ab Euro, hoc est oriente in meridiem deflectentes, ab eâ per occasum ad septentrionem perveniemus. Hoc enim instituto à nobis ordine observato, commodiùs Comitatum describemus.

Ab Oriente ad dextram, versùs *Sabaudiam*, duobus plùs minùs hinc milliaribus, *Mota* est, instar oppidi pagus, *Dubii* fluminis fonte celebratissimus, quem leniter præteriens interfluit *Dubis*. Hic agnoscit præsulem D. Ludoicum a Syvriach, nobilitate simul et pietate longè clarissimum. Hìnc rectà ad *Rupem Joannis* devolvitur, quæ conditoris nomen servat, quemadmodum et aliis civitatibus sœpè contigit. Patria Vermodorum nostrorum, doctissimorum et humanissimorum adolescentum, et sanè magnæ expectationis virorum. In quâ est arx adhùc integra, et Vulcani fabrica.

Dubius hinc propè cœnobium *montis S. Mariæ*, ordinis Cisterciensis, procedens, per *Pontii* lacum devectus, ùbi *Pontarlum*, *Mortuam*, *Vafrum* et *Hippolytum* præteriit, ad septentrionem conversus *Monbiliardum* defertur; undè, in nostram Burgundiam iterùm rediens, *Lilam*, *Clarvallem*, *Vesontionem*, et *Dolam* alluit. Is enim inter meridiem et orientem emergens, et inter septentrionem et occasum in *Ararim* descendens, superiorem Burgundiam lateribus orientali et septentrionali ambitu cingit.

Sed de *Dubio* hactenùs.

In templo autem cœnobii *montis S. Mariæ*, complura sunt vetustatis monumenta, in quibus illud imprimis extat principum Aurengiorum comitum Cabilonensium, ac eorundem liberorum, marmoreo quodam lapide, grandioribus statuis altius extructum, quo non facilè dixerim unquam me aliud vidisse aut pulchrius, aut elegantius, aut majus. In eo insunt :

Joannes, Comes Cabillonis. Obiit 4 calend. octobris, anno 1266.

Domina Lora, ejus mater. Obiit 5 cal. octobris, anno 1276.

Alius D. Joannes de Cabilone. Obiit Idi. feb., anno 1300.

Hugo de Cabilone Obiit prid. non. decembris, anno 1322.

Alius D. Joannes à Cabilone, Lingonensis episcopus. Obiit 10 calend. junii, 1350.

D. Beatrix à Vienna. Obiit 4 id. junii, anno 1347.

Margareta à Mello. Obiit 9 calend. janv., anno 1350.

D. Joannes à Cabilone, D. de Arlo et Cusello. Obiit 3 non. Martii, anno 1361.

D. Ludovicus à Chalon. Obiit ultra mare, 8 idus decemb., anno 1367.

Hugo à Chalon. Obiit pridie calend. decembr., anno 1388.

Henricus à Chalon, D. de Argue. Obiit, in exercitu regis Ungariæ contrà Sarracenos, 2 die septemb., anno 1397.

Hugo à Chalon, filius Joannis à Chalon, D. de Sancto Laurentio obiit post patrem 8 cal. Aug. anno 1400 ; de cujus successione lis maxima orta est.

Joannes à Chalon, princeps Aurengiæ, dominus de Arlo ; obiit Lutetiæ Parisiorum, 4, non. sept. anno 1418·

Belionora, princeps Aurengiæ, D. de Arlo, filia comitis Armeniaci et Hisabellæ, filiæ regis Navarræ. Obiit Nozerethi, 11 die decemb., anno 1456.

Ludovicus à Chalon, princeps Aurengiæ et dominus de Arlo. Obiit Nozerethi, 13 decemb , anno 1463.

Hugo à Chalon, D. Castri Guyonis. Obiit Nozerethi, 3 julii, anno 1469

Ludovicus à Chalon, dominus de Nozeretho et Castri Guyonis Obiit in exercitu principis Caroli, Burgundiæ ducis, in oppugnatione Gransson oppidi, 2 martii 1475.

Joannes à Chalon, Aurengiæ princeps, duas habuit uxores : primam, Joannam à Bourbon, quæ obiit 15 julii, anno 1493 ; alteram, Philibertam à Luxemburg, ex quâ suscepit Claudiam, Henrici Nasovii Viennæ Comitis uxorem, ac Renati matrem. Item, Claudium et Philibertum à Chalon principes. Is obiit 15 aprilis, anno 1502 ; Claudius, 8 novembris 1500 ; Philibertus, 3 augusti 1530 ; ipsa Philiberta, anno 1540.

Guilhelmus à Vaultravers, nobilis ac splendidus, ex collegii Balmensis nosocomo huic cœnobio abbas præficitur 13 die decembris, anno 1555, post evocatum ex hâc vitâ Ludovicum à Vers abbatem, qui eodem in templo ac privato sacello, 5 die decembris, anno 1533, sepelitur.

A *Rupe Joãnnis*, recto itinere, atque montis *Jurâ* ductu, itur *Junias*, oppidum antiquissimum, in excelso et prærupto colle ad Sabaudiæ limites positum, nivibus, sylvisque opacis gravatum. Ubi mihi sunt duæ sorores, quarum Joanna connubio juncta est Joanni Caffo, ejus loci præfecto ; altera verò , Margareta , Stephano Grasseto, protoscribæ. Hoc loco est transitus montis *Jura*, et vectigal exigitur rerum, quæ aliò exportantur. Hujus oppidi suburbia ad occidentem dicta sunt *Hospitalia*, quod nomen etiam proximo pago inditum est. Sed in Juniarum gratiam hoc monumentum annectere placuit :

> *Mons erat incultus simul, et deserta manebat*
> *Præda latrocinii regio tota prius.*
> *Ædificat tandem turres et mœnia Cæsar,*
> *Hinc urbs ex illo Junia nomen habet,*
> *Quam numerosa colit plebs, nunc Mavortis alumna,*
> *Subdita magnanimi Cæsaris imperio.*

Hic tratus fornacibus, in quibus ferrum conficitur, fœcundus est.

A Nozeretho ad sinistram brevis est transitus, ad *Fraxinum* pagum, oppidi speciem referentem, à fraxini arboris notissimi copiâ dictum.

Mox sequitur *Riparia*, sivè *Riva*, Claudii Frontini nostri patria; sic ideo dicta, quòd ad ripam lacus magnis lupis et aliis piscibus refertissimi sita sit; atque ex alterâ parte rivus ex eodem lacu procedens, eam circumluat : P in U, a nostris hominibus mutato, qui Ripam *Rive*, et Rivum *Rivière* vocant. Habet agrum, fertillissimum, et multis vicis frequentatum; in quo est alius lacus sabterraneus, mirum naturæ ludentis opus. Super enim aquâ fit limus, qui adeò durescit, ut continens videatur; super quo tamen equites, currusque securè non ambulant, sed soli pedites. Is cœlo pluvioso et nebuloso non emergit, nisi serenitas fit futura. Tunc, per foramina brevi tempore auctus, totam Columbanam planiciem rigat. Ei mons celsus ab oriente imminet, undè crebri fonteis in illum diffluunt.

Inter Nozerethum porro, et Ripariam est alius lacus in *Bonvalli*, lupis, percis, et aliis piscibus abundans, qui septimo quoque anno in aliquot hebdomadas suffugiens et delitescens, iterum emergit. Quæ res in miraculum exit, fidemque vincit.

Indè jam deveniemus oppidi ad egregii sublimia mœnia, nomen cui simul impositum *Pontarlum* : hoc est *Pons prope arcem*, in imâ duorum montium planicie positum, secundum Dubidis fluvii littus. Patria et natale solum eruditissimi, facundissimique, viri et studiorum omnium Mœcenatis, Henrici Colinæi, Carolo V. Cæsari Dolæ à consiliis et vicepræsidis; Baptistæ item Colinæi, pariter juris scientis et periti. In hoc oppido sunt parochiæ tres, et monasterium unum Augustinianorum.

Propè Pontarlum est arx *Jura*, munitissima et inexpugnabilis, in colle summo, admodum edito in loco collocata, adeoque difficili ascensu atque perarduo, ut expugnari non posse videatur. Ad hanc, enim, multæ Helvetiorum copiæ et avorum et nostrâ memoriâ contritæ sunt. Cujus hodie præfectus est Antonius à Lausbepin, vir apprimè nobilis, et equestri ordinis, Dominus à Lilla.

Ad sinistram Pontarli est *Usierum*, oppidulum, arcem habens cum quatuor vicis, quorum incolæ sunt leporum et facetiarum diserti. Sæpè etiam illorum facta atque dicta ridicula recitantur.

Hinc recto itinere itur *Vercellas*, quarum mœnia ruinosa sunt. Hìc natus est Girardus Burnellus Vercellanus, vir cùm miri candoris, tùm eruditionis, qui Lutetiæ, anno 1544, obiit. Ejusdem nominis est in Italiâ urbs ad Sicciæ ripas.

Ab his brevis est transitus ad *Mortuam* ingentem, sed et hanc sinè mœnibus urbem. Ideò sic dictam, quòd cum vicis et prædiis in causam morticinæ possessionis ceciderit. Horum, enim, jus mancipii morticinii à

8

principibus ejus loci cænobii prostratæ est ità concessum, ut incolæ vivi obsequium beneficiarii loco præstent, morientes adventitium lucrum afferant. Per hujus agrum *Dubis* fluvius placidissimè dilabitur.

Hinc rectà *Hippolytum* tendamus, natale solum tuum, montibus undi-què naturâ velut arte cinctum; ant'quum et ab Hippolyto patricio ro-mano, Christianissimo, ac martyre (ut arbitror) dictum, qui juvenis odio fœminei generis, Dianæ studiis se totum addixit, despecto Veneris numine Hunc tu, mi Babete, imitatus, itidem :

$$\tau\omega \; \varkappa\upsilon\pi\rho\iota\nu \; \pi\acute{o}\lambda\lambda\alpha\varsigma \; \chi\alpha\iota\rho\varepsilon\iota\nu \; \lambda\varepsilon\gamma\varepsilon\iota\varsigma.$$

Cæterum sylvosus primitùs fuit hic terrarum tractus, sed quia metalli ferri ferax esset, sylvæ excisæ in caminos et opera metalli, campos ape-ruerunt arabiles. Incolæ, habitudine corporis firmissimi, ad multam æta-tem vivunt ; et quanquam senectute premantur, à laboribus tamen non nisi decrepiti abstinent. Corporis magnitudine sunt cæteris Burgundis pro-ceriores, belloque valent. Rustici ad fabrilia opera et agriculturam sunt idonei. Instrumenta enim et ustensilia domestica ex ligno probè fabricant, et in viciniam exportant.

Nunc ab Oriente ad meridiem et austrum eo ordine, quem nos institui-mus, transgrediamur.

Uno milliari à Nozeretho est *Burgum* edito in loco ; subter quod labitur etiam *Danus*, si usquam alibi, placidissimè mox *Champignolæ* fines petit. Semidirutum est, nam ejus mœnia Ambosius prostravit : Cujus emporium ad *Syrodum* pagum, qui urbeculæ speciem ostentat, translatum est. Hoc solum oppidum in superiori Burgundiâ antiquum nomen conservavit. Initio enim editis in locis oppida habuère Burgundi, urbesque permultas excelsis in collibus condidère, quas, Germanico idiomate, quo tunc lo-cuti sunt, *Burg* vocavère, quæ dictio planè à *Pyrgo* verbo deducta est; nam $\pi\acute{u}\rho\gamma\sigma\varsigma$ turrim, arcem, et propugnaculum significat. Romani quo-que castellum *Burgum* appellarunt, ut Vegetius testatur. Reliquæ autem arces, ac potius urbes (priscis namque temporibus arces et oppida loco urbium censebantur), vel crebris hostium incursionibus deletæ sunt, vel brevi multum auctæ recens nomen recepère, servato nihilominus veteri : ut Salinæ, Nozerethum, Arlum, et aliæ, quæ adhuc hodie in *Burgum* su-periorem et inferiorem sunt divisæ. Indè etiam cives qui in civitatibus, oppidis, et hujusce modi munitionibus et turritis mœniis habitant, puto, Germanis, et nobis *Burger*, seu, ut Galli pronunciant, *Bourgeois* appel-latos. Civitates porro ab his qui suburbia habitant, frequentius *Burgi* di-cuntur, à quibus etiam *Burgundiones* nostri fuère dicti.

Propè verò id oppidum, in excelsiori colliculo, sunt duæ arces contiguæ, ambæ *Castrum Villanum* dictæ ; quarum una est D. Joannis à Popet, altera D. Adriani à Jugo, domini de Falon, natalium splendore et animi dotibus clarissimi.

Ab hoc oppido, unius milliarii intervallo, ad sinistram, abest *Calx*, arx celebris, optimè in ad modum sublimi monte sita, natura simnl et manu munitissima. Et monti subjectus ejusdem nominis pagus. Arx illa, ex præclarâ et insigni Popetanâ familiâ nobis dedit reverendissimum et magnificum D. Guilhelmum à Popet, heteriarchum Balma, Goyle, et Balerne ; in cujus laudes hic non erumpam, quandoquidem illius bonitas, piètas, singularis virtus, et clementia, illum orbi notum facit, nec opus habet præcone. Johannem item à Popet, ejus fratrem, equitem clarissimum, ac Commendatorem ordinis de Alcanthara, Caroli V, Cæsaris nostri, optimi et mansuetissimi Principis, χαταχοιμιςην, apud quem gratia potentissima est.

Huic arci propinquus est *Fonssena*, pagus immensus,et multis villis constans. Ideo sic dictus, quòd in eo fons *Senœ* fluminis fit, super quo pagi longitudine sunt vigenti septem rotæ, partim ad molas, partim ad serras. Hìc parantur lignea vasa, ministeriis humanisque usibus apta.

Hunc sequitur *Granvallis*, vicis tam frequentibus referta, ut fere ad singula stadia reperiantur. In quâ sunt lacus tres pisculenti, quorum unus ab ipsâ valle denominatur, alter cum vico proximo, à *rubris troctis,* tertius ab abbatiâ, quæ totius Granvallis est metrocomia. Vicus est illi proximus, *Vicinia Pichonis* dicitur.

Simile est hominum genus hoc, servile que solum.

Gradiarios hujus tractus equos omnes probant. Hic canes sunt ferocissimi,

Paulo infra Calcis arcem constructa est cella Carthusianis, nobis dicta *Bonus locus,* cujus parochialis ecclesiæ parochus est Stephanus Tornondus noster.

Non procul hinc est *Clarvallis*, oppidum ad *Dani* flumen situm, in quo paratur lana, diducitur figuraturque digitis, ac eâ texuntur panni. Hìc est cænobium Carmelitarum, et ibidem nati sunt Joannes Bondæus, et Antonius Favernerus, omnibus, cumprimis studiorum nomine commendati.

Hoc in tractu, non longè ab ipsâ Carthusianorum cellâ, sunt ingentes lacus, variæ vastæque paludes, et fluvii varii, sapido qui pisce redundant. Ad primum, autem, lacum adjacet cella ipsa. Proximus huic insula nobilis est, ac delubro in rupe posito D. Vincentio dicato, quod vocamus *Prioratum à Motd.* In circuitu duo millia passuum non excedit. Juxta quem sunt alii duo minores illo, sed non minori præditi in se et per gyrum voluptate: Hos *Maleleux* vocant. Sed uni, ob latitudinem, *Majoris* cognomen est inditum. Sequitur alius, *Narlay* dictus, vix credendæ profunditatis, cujus aqua est nitida, pisces ferens varios. Hinc non procul est alius, *Vernoy* nobis dictus. Sed occidentem versus sunt alii quinque, quorum duo *Chamblici* dicuntur; tertius, *Fiogeay*; quartus proximus est Clarvalli oppido; quintus *Ronchault* dicitur.

A *Granvalle*, trium horarum itinere, itur *Claudianum*, à D. Claudio Salinensium progenie orto, atque Bisontino archiepiscopo denominatum, qui eo loci solitariam duxit vitam, in portentosà abstinentiâ victus, et corporis afflictione; ad cujus memorabilem et in maximâ veneratione ab omnibus, habitum tumulum frequens est undiquè concursus. Hanc eremum antea frequentarunt solitarii aliquot Christiani, in primis Eugendus et Lupicinus, Evangelii præcones, in quorum honorem Chilpertus, hujus nominis primus Burgundiæ rex, hic toto orbe celeberrimum cænobium extruendum curavit, ubi sunt sepulturæ aliquot regum. Hujus cœnobii abbas hodiè est Philibertus à Rye, Genevensis episcopus, nobilis genere, nobilior eruditione, nobilissimus virtute, ac meritorum dignitate. Incolæ autem ex buxo et aliis radicibus quæstum non minimum capiunt, quibus cochlearia, fistulas, tubas, classica, precatorios globulos, et alia conficiunt, quæ inde ad exteriores terras exportantur.

Hinc non procul est *Morantium*, sic vocatum, ut arbitror, quod sancti illi viri nonnumquàm ibi morarentur. Habet hodie viros magni ingenii, magnique vigoris.

Ad dextram, autem, sesquimilliari à Nozeretho, est *Vernum* pagus, ad *Angelonem* flumen, in quo est arx omnium nobilissima, cum vivario nemoroso undique, mœnibus septo, in quo sunt damæ, solidi, atque surgentes in cornua cervi, cum leporum ac cuniculorum hîc stabulantium copiâ. Hujus pagi ager, ob flumen et stagna, est irriguus, et ad venationem idoneus; adeò felix, ut vernâ temperie et herbarum luxuriâ, facile cæteris hujus tractus pagis antecellat; et ideo non desunt qui à *Verna* temperie dictum putent.

Cui arx *Monrivallis* vicina est, in monte excelso, scatebris et ebullitionibus fontium in vertice surgentium inclyto. Hujus arcis protritæ bellis ruinas prætereuntes conspiciunt, et mirantur ad unguem constructas lapide è quadrato curva retortos. Cui cochlæa in gyros ascensum præbuit intra.

Sub se versus austrum *Campignolam* oppidum habet, undique naturâ circumvallatum, cui *Danus* proximus illabitur. Hinc ortus est Grand Joannes Probus, rei militaris ductor præstantissimus.

Ab oriente *Quisquilias* vicum; à Septentrione *Vannolum* etiam vicum. Non

procul hinc est monasterium ordinis Cisterciensis, undiquè alpibus, præ-
terquam ab Occidente, cinctum, *Balerna*.

Mox, in proximi montis cacumine, Occidentem versus, est Arx elegantissima, nobis *Mons Savion* dicta, non usque adeò olim magna, uti
nunc est, ut veteres muri docent. Sed hæc magnificis ædificiis curâ
Hugonis à Monbardon instaurata est. Hujus montis radices à septentrione,
oriente, et meridie, *Danus* circumluit.

Ab occidente verò est illi subjectus pagus amplissimus, *Crotena*.

Hinc non longè est *Monetum*, antiquum oppidulum, summo etiam in
monte, ruinosum, et penè vetustate collapsum; cui subsunt vici quatuor.
In his est *Pons navis*, ad *Danum*. Hoc oppidum recto ordine sequitur arx
Challina, ad lacum *Maregni* à septentrione, oriente, et meridie excelsis
montibus septa, ab occidente verò ipso lacu. Juxta quam est *Maregnum*
pagus. Hunc tractum *Danus* liquidissimus amnis perfluit, suam illi appellationem conferens, quem tractum mons arduus ex alterâ parte occidentem
versus claudit. In quo sunt oppidula, sive arces quatuor: Altera ab
alterius, non longè dissita muris: quarum duæ, videlicet *Valempolieræ*,
quæ est è regione *Verni*, et *Monrondus* è regione *Monrivallis*, nunc eo mi-
seriarum redactæ, adeò labefactatæ bellis, ut nil aliud hodie sint quàm
ruinæ et rudera. Ambæ sub se habent ejusdem nominis vicos. Tertia,
Mirebellum, in pagum redactum, arcis parte superstite. Non aliud oppidum tota Burgundia ostentat ruinas æquè memorabiles:

> *Sic fortuna potens regales sœpius arces*
> *In miserias vertit facta inimica casas.*

Sed horret animus nostræ regionis ruinas persequi.

Quarta dicitur *Castellionum*; ea cum pago integra est, et munitissima.
Hujus enim nominis oppida, sive arces, quatuor in hâc regione enume-
rantur. Sed ad aliorum discrimen hæc *Super Cortina ad Danum* dicitur.
Cui *Sorlinum* à meridie vicinum est, quod inter hæc oppidula longè primùm, in monte quoque positum, quem *Danus* alluit. Arx vetus est, cui
sit decori tamen ipsa vetustas.

Mox est *Turmaya*, multis lanariis etiam referta. Muros tennes habet,
fermèque circumquàque ædificiis contiguos et impeditos, ut nullus in li-
berum ambitum transitus juxta ipsos pateat: id quod Secusiæ oppidis
commune est. Qui modus omnium maximè civitates dedecet, multumque
obsidionum tempore civibus damni adfert. Juris est D. à Claudiano, qui
hîc arcem habet.

Turmayam, ad sinistram, sequuntur *Arantum*, et *Fitignum* oppida, in
quibus sunt multi pannarii, et opifices, qui pilea, focalia, et alia hujusce

modi texunt. *Gygniacum* cœnobium celeberrimum, cui Bruno, Chilperici filius, maximis impendiis fundamenta jecit, quod posteri principes manum extremam imponentes, reditibus donariisque mirum in modum auxêre.

Ad dextram, verò, est *Orgelium*, mercimoniis florens, et cujus incolæ sunt industrii et ingeniosi, lanificio dantes operam. Hujus pars altera cum arce edito in loco est, altera ad radices collis illius plano in loco sita; sed utraque procumbens solis ad ortus. Ex eo loco nata est mihi mater, Joanna Daguet. Nati sunt et viri ingenio et omnibus artibus præditi : Stephanus Rodetus ; Claudius Malleolus, in Secusianorum foro gymnasiarcha ; Guilhelmus Laurentianus ; Antonius et Claudius Michael fratres, quorum hic Aureliis juri dans operam, ad magnam eruditionem expectatus, fatorum iniquitate hoc anno 1550, abreptus est, cùm nondum 25 attigisset annum. Hujus civitatis primarii hodie sunt: Petrus Morez, D. à Virechastel; Adrianus Morez, D. à Toysiâ ; et Humbertus Moretz. Ager est assiduis collibus vallibusque non obliquus solùm et inæqualis, sed etiam rupibus et saxis asper, et, communi proverbio, dicitur: *habere fluvios sine piscibus, montes sine sylvis et nemoribus*.

Julianum, Juliano Antiochensi Christianissimo ac martyri sacratum, medio est ferè inter *Burgum* forum Secusianorum et *Orgelium* itinere.

Mons floridus, in excelso et naturâ munito loco, cujus vallis fœcunda est, et amœna.

Chevannœ, ruinosum et penè vetustate collapsum, oppidum.

Nunc ad occidentem me convertam, atque illud proposuimus.

Paulo infrà *Valempolieram* est oppidum excelsæ rupi impositum, sine mœnibus ullis, *Castellana* populariter dictum, cujus prisca nobilitas ex ruinis et templi parte superstite apparet. Nunc in vici formam ferè redactum est adeòque in arce ipsâ hortensium cultura est. In ejus autem rupe spelunca non altè profunda visitur, tum fluvius ebullientibus undique fontibus, troctis feracissimus, ex eâdem rupe in Arbosianam vallem labitur. Valdè aridus est hic locus : aquarum enim usque adèo indigens est, ut nulli sint putei, et fontes nulli.

Sed hinc rectà *Arbosium* descendamus quod inter egregia oppidula numerari potest. Peramœno enim loco situm, atque omnium rerum copiâ, in primis optimi et ad vetustatem durantis vini florens, ac celeberrimum est. Magnis circumquàque suburbiis impeditur ; fossis cingitur, sed hortensibus. Circum se, sunt montes, aspectu fontium et vinetorum, ac arborum copia suavissimi : hinc *Arbosium* dictum, quòd *arboribus* consitum sit. Fructibus enim sic referta est hæc vallis, ut pomarium tota videri possit :

> *Pecori acceptissima tellus*
> *Est alibi, gramenque virens hinc mittit alendo.*
> *Hìc templum genitrici ingens, cui sculpta vetusto*
> *Marmore stat facies, spirantque in marmore vultus.*
> *Æthera quid purum memorem? Cœlique salubris*
> *Hinc tenues aures, quas ducti ad sidera montes*
> *Aspirant?*

Hoc oppidum tres maximè viri hodie illustrant : Claudius, scilicet, et Mercurinus Jalones, et Alexander Glanius, in æde *Deiparæ* canonicus. Ejus vallis ad occidentem vergentis fauces lætissima excipiunt prata, quæ usque ad *Vadanæ* arcis mœnia perdurant. Nemo enim crederet, quanta sit utriusque agri *Arbosiani* et *Vadani* amœnitas, tum fertilitas, quantaque sit omnis generis fructuum ibidem copia. *Vadam* ipsum in monte vitifiero situm est. Tacitus, lib. 21. Annalium, urbem quandam in Batavia, Rheno adjacentem, inter Coloniam et Trajectum, supra quam Rhenus in Leccam et Issulam scinditur, *Vadam* etiam appellavit, quæ nunc Vuageniog, seu Vaganum dicitur.

In hoc tractu sunt vasa vinaria adeò magna, ut domos altitudine videantur æquare.

Secundo, aut paulò plus, milliario ab *Arbosio, Dolam* versus, sunt geminæ arces contiguæ, haud amplius uno milliari à *Vadana* arce, et monasteriis *Rosario*, ordinis Cisterciensis, et *Onanco* distantes, in mediis finibus vallis *Lupæ*, ut ex his longè latèque prospectus sit. Dictæ ambæ *Valdreæ*, a Valdreis heroibus, generis vetustate et rebus gestis in præcipuis.

Ab his arcibus brevis est transitus ad *Bergmund* et *Loyam*, pagos amplissimos ad *Lupam*, in viâ quâ itur Dolam ; de quâ dicere aggrediar quandoquidem duobus tantum milliaribus nunc absumus. Ubi prius admonuero id vocabuli *Bergmund* Germanicum esse, à *monte* et *orâ* derivatum, atque *oræ* proximum *montem* significare. Nam, *berg*, mons est, *mund* vero αχτη id est ora, quæ Plinio fere semper regionem littoralem significat, apud quem, veluti peculiaris est hæc locutio : « In ora sunt civitates, et oppida oræ proxima. »

Dola, autem, civitas est Burgundicæ regionis omnium celeberrima, studiisque referta benignis, atque omnis nutricula juris ; ad *Dubim* flumen duobus brachiis scissum, loco pulcherrimo atque statim sese offerenti posita. Quam non sine summo flagitio præterirem. Siquidem in eâ studii mei fundamenta jeci, sub Petro Phænice, hodie multo senio, senatore venerando ; et Jacobo Lestræo, viris vario eruditionis genere præcellentibus.

Non longè autem ab eâ situm est oppidulum *Rochafortis*, quod anno 1479, in Galliis Ludovico undecimo regnante, ubi Amboslus circumsedisset, deditione cœpit, 17. maii. Inde profectus *Dolam* vi expugnavit, atque pernicioso incendio evertit, 27 maii. Verum :

> *Major nunc fossis pars est munita profundis,*
> *Vallaque sunt forti vix adeunda viro.*

Pontibus, porro, mœnibus, et stupendis propugnaculis, tum à civibus sumptuosissimis ædificiis penè tota restituta, et magnificentior ac insuperabilis est reddita. Cui Joannes à Dandelot, illustris eques, et militaris disciplinæ gnarus, vir rebus gestis et bellicâ virtute celebris, præsidio à Carolo V. Cæsare, impositus est. Nihil planè in eâ, earum rerum quæ ad civitatis splendorem faciunt, desiderari potest. Primùm mirè afficit fluvius ille perlucidus *Dubis*, qui latus alluit ipse sinistrum. Non mediocriter oblectant ædes et templa, operum magnitudine sumptuose structa. Pari delectatione, afficiunt Academia celeberrima, ac toto orbe terrarum decantatissima. Quæ intra centum et triginta duos annos condita, ac privilegiis Martini pontificis quinti, Philippique Ducis et comitis Burgundiæ aucta sunt, et locupletata, in quibus summâ diligentiâ et puritate scientiæ, et liberales artes interpretantur. Habent enim insignes professores. In his sunt : Antonius Lullus, theologus, vir ob integritatem vitæ, ob singularem prudentiam, ob raram et incomparabilem eruditionem, adeò mihi charus ut nesciam an amicum habuerim unquam chariorem ; Philibertus Poissenotus, Hieronymiani collegii præpositus, etiam theologus, vir extra omnem controversiam doctissimus et piissimus, amicus quoque noster singularis ; Renatus Perrotus, medicus insignis, latinè et græcè doctus ; Joannes Morisotus, rei medicæ experientissimus, cujus facundiam et eruditionem ex ingenii sui monumentis cognitam puto ; Petrus Vacherdus ; Petrus Parvus ; Ludovicus Montiojus à Boisset, et Claudius Musus, jureconsulti, viri ob singularem eruditionem, et in rebus civilibus prudentiam summâ maximâque laude digni ; Laurentius Privæus, homo φιλελλην, et studiorum amantissimus, qui juventutem bonis moribus imbuit, et optimis artibus diligentissimè instituit. Sed dum hæc paro, ecce superveniens nuncius palàm refert, illum in ipso (proh dolor) labore rebus humanis absolutum et exemptum esse, 12. Februarii, anno 1550 ; cujus mortem Morisotus noster hoc elegantissimo carmine deflevit :

> *Laurenti Privæ jaces, terræ inclyta fama,*
> *Lingonicæ, rapuit quem fera Parca Dolæ.*
> *Te Lullus deflet, luget Morisotus, amici*
> *Suspirant alii, discipuli lacrymant.*

Sed quid de supremo amplissimo, sanctissimo, prudentissimoque, simul tribunali illo (Parlamentum vocant) dicam, in quo summa jurisdictionis comitatus Burgundici sita est? Equidem satius esse puto tacere quam pauca dicere. Non possum tamen mihi temperare, quin aliud addam. Nusquam vidi tam severè mores corrigi, tam incorruptè judicari. In eo sunt viri in omni doctrinarum genere præstantes, in omni denique genere laudis multifariàm excellentes. Inter quos, sunt : Petrus Desbarros ; D. A. Parret, præses ; illi duo illustres equites cùm foris clari, tùm domi admirandi ; Claudius Monfortius, et Joannes Dacheus Thoresius, ambo altâ mente præditi ; nobilissimus D. Guido à Polichni, in summo templo Vesontii canonicus, D. à Gomerans ; Joannes de Turri ; Henricus Colyneus, vice-præses ; Stephanus Clericus ; Joannes Corvoiserus ; Stephanus Faucheus ; Lucas Chaillotus ; Nicolaus Chuppinus ; Petrus Sachetus ; Carolus Grand Jan ; Petrus Vachardus ; Joannes Colardo ; et Petrus Poly ; quos pro merito laudare conarer, sed vereor quod Horatius inquit :

Laudes tantas culpa deterere ingenii.

Advocati fisci, sive regii : Fernandus Seguinus, Joannes Chappusius, Martinus Benedictus, vir summo ingenio, summâque prudentiâ, procurator generalis ; cui substitutus est Franciscus Quadratus.

Amanuenses verò senatus, quos Budæus actuarios sive ab actis curiæ vocat, sunt : Stephanus Bernardus, Claudius Læsmeus, et Joannes Camutus, fideles et integri. Hi senatusconsulta excipiunt, et in literas referunt, ne, caduca hominum memoria, ipsaque fragilis vitæ nostræ constitutio, fraudi partibus sit. Tum, litigantibus senatus decreta assignant, partium libellos accipiunt, et in senatu prælegunt : qui de causis omnibus cognoscit, et quod ab eo definitum fuerit ei standum est. Nam ab eo provocare non licet, sed ad eum ab omnibus aliis judiciis appellantur.

Sed hæc de senatu.

Templorum autem omnium hoc loco magnificentissimum, et stupendi operis, Deiparæ virgini construitur ; cujus aspectus pulchritudinem olim posteritas mirabitur. Quod absolutum evincet omnino quæcunque sunt in Burgundiâ. Ad hæc, collegium Canonicorum insigne est Inter quos est Petrus. Farodus, ille noster, vice cancellarius conservatoriæ (quam vocant) universitatis. In eo, excellentissimi D. Joannis Carondeleti, Maximiliani Cæsaris ac Philippi ejus filii, Cancellarii, apud Mechliniam, 12. cal. April, anno Christi, M. D. primo, suæ verò ætatis 74, vita sancti. Sepulchrum etiam num conspicitur, marmore partim candido, quod Alabastritem vocant, partim nigerrimo maculis quidem purpureis varicato, quod in agro Dolano in magnatum sepulturas effoditur, atque porphyrites

vocatur. In ejus funere clarissimi aliquot viri elegias et epitaphia cons-
cripserunt : quorum hæc duo non indecora, hic non gravabor annectere.

In cassum fallax supprurit gloria rerum
Obruitur mœstis heu fugitivus honor.
Horrendis tandem flenda sub imagine torpet
Ambitiosa fames, laudis inane jubar.
Non modus est rebus nulli sine fine potestas
Non caret exilio, divitis alta domus.
Expectat sors una omnes mortalia perdens
Statque minax junctis semper ubique lues.
Crede mihi, si vera colis, nil proderit ingens
Artiloquus frustrà servat avarus opes.
Robore formosus, claro de sanguine miles
Obscurèque simul natus in orbe cadit
Nexibus æternis dedit hunc natura rigorem
Discrevit rigidæ mortis amara pati.
Excaataia perit gracilis discretio formæ,
Labitur exigua calle superbus amor.
Exemit nullum rabies futura, sed aufert
Terrarum dominos sceptraque fusa jacent !
Belliger austerus confundens viribus hostem
Urgetur pavide cum venit atra dies,
Respice qui confers fluctantis tempora secli
Grandia cum parvis unica tellus habet.
Unus erit mundo pereunti naufragus ordo,
Naufragium celsis una ruina dabit.
Discite sic molles quæ sint commercia vitæ,
Illius ambiguos discite quæso modos.
Anxia deficiens velut umbra volatilis ætas
Eheu precipiti turbine tristis abit.
Culta diu titubans finali solvittur ævo
Aurea congeries marcidus ille decor.
Navigat in Dubio fortunæ credulus hospes
Concidet exitiis candida pompa suis.
En ego qui placida quondam pietate superstes
Liber in officio principis usque fui.
Laudes innumeras Carolus Dux justus adauxit
Atque per illustris aucta Philippus alit
Re bene sic gesta, subit, irrevocabile fatum
Illaqueans rapide pellit ad ima senem.

Vertimur in cineres defuncti, strenua virtus
Sola beat meritis inque superna ferens.

Aliud.

D. Joanni Carondeleto, Domino de Champvans, de Sore, Portelles, etc.
Maximiliani Cæsaris, ac Philippi ejus filii, Hispaniarum Regis, Archiducis
Austriæ, Ducis et Comitis Burgundiæ, etc., Cancellario magno, ac Dominæ
Margareta de Chassey, patri et matri optimè beneque meritis, D, Joannes
Carondeletus, archiepiscopus Panormitanus, Præpositus S. Donatiani Bru-
gensis, perpetuus Cancellarius Flandriæ, et Caroli Quinti, Imp. P. F. Au-
gusti, Consiliorum in Belgica primarius Præses, etc., impensa sua ex ve-
teri æde huc translatis, piisque precibus, ac sacris quotidianis quæ ab illis
instituta fuerant, ære suo ampliter adauctis, monumentum hoc pietatis ergo
posuit ac dedicavit. Vixit ille annos 74. Obiit anno Domini 1521, Martii.
Illa, annos 71. Obiit anno 1511, 21 Martii.

Est præterea in eodem templo sepultus Diocletianus, Heherlingi medici
placidissimus filius, cujus epitaphium hic adscribendum censui :

> *Hic Diocletianus medici puer ecce quiescit,*
> *Illum non reparat arte paterna manus.*
> *Sustulit hunc gracilem tenero sub amore parentum*
> *Pallida mors, cunctis formidolosa lues.*
> *Cum senibus juvenes rapit inclementia rerum*
> *Pharmaca despiciens et medicantis opus.*
> *Fallimur heu miseri, non est sub cardine solis*
> *Indita nascenti lex, nisi ritè mori.*

Est aliud D. Hieronymo consecratum collegium, cultu et religione ex-
cellens, in quo est bibliotheca multorum autorum et optimorum codicum.
Hujus collegii antistes est noster Philibertus Poissenotus, vir omnis generis virtutum cumulo ornatus. Extructum autem est ab Antonio à Rupe,
cujus epitaphium hoc à Stephano Stratio, Jurisconsulto, conscriptum est :

> *Qui rupem, saxumque ingens mirare, viator,*
> *Et cur sint isthic conspicienda, rogas?*
> *Fundamenta domus sacro certantis olympo,*
> *Non alio melius sunt statuenda loco.*

Est et Minorum fratrum (ut vocant) hic magnum monasterium.
Habet denique hæc civitas forum elegantissimum, muratum, formâ

quadratâ, nisi quòd paulò longius quam latum est. In ejus parte occidentali pretorium est cum carceribus.

Sed ad reliqua pergamus.

Protulit autem hæc civitas nostrâ ætate celebres aliquot viros, in quibus sunt : Joannes à S. Mauricio, apud Mechliniam præses ; Joannes à Turri ; Lucas Chaillotus ; Nicolaus Chupinus ; Carolus Grantianus ; Petrus Vacherus : hic senatores, viri à bonis literis nec alieni, nec harum patrocinio difficiles ; Fernandus Seguinus, et Joannes Chappusius, fiscales advocati homines, et summo dicendi studio, et peracri prorsus ingenio ac singulari doctrinâ prediti ; Joannes Huotus, Aurengiæ præses ; Auribaldus Keberlingus ; Renobertus Racletos ; Simeon à Campo ; Stephanus des Barres ; Henricus Camutus, advocati et juris professores, magnâ facundiâ et humanitate, tum amici nostri veteres ; Jacobus Perrotus, archiepiscopi Bisontinensis Summus Vicarius, et judex canonicus, quem officialem vocant ; Renatus Perrotus, medicus ; Erasmus Boudirus, doctrinâ divitiis que illustris. E multis verò hos paucos recensere libuit :

> Cunctarum pariter summa est hic copia rerum,
> Tum quod ager per se fit fertilis undique, tum quod
> Plurimus huc veniens mercator plurima portet.

Hinc non longè apparet *Mons Rholandus*, et ejusdem nominis pagus, qui appellationem traxerunt à Rholando Caroli magni ex sorore nepote, præstanti fortitudine viro, quem eâ tempestate corporis robore et animi magnitudine longè cæteris præstitisse ferunt ; cujus fortia facta per universum orbem clara celebrantur. Hunc post ingentem hostium cædem eo prælio interiisse tradunt, quo Carolus ex Hispaniâ rediens, prope Pyrenæi juga insignem cladem à Vasconibus accepit.

Poma ad *Cepinam* fluvium in rupecula cum arce positum oppidulum, inter quod et *Dolam* est monasterium *Acey*, Cisterciensis ordinis, anno 1130 conditum ; de quo cujusdam abbatis ad Martinum Papam, hujus nominis V., hoc scriptum fertur :

> Inter dolum et pessimum in aceto positus sum.

Per dolum, Dolam ; pessimum, Pomam ; Acetum, ipsum monasterium intelligens.

Sed nùm nomina rebus respondeant, ingeniosus lector cogitet.

Favernum.

Trevium, vetusta oppida.

Deindè, *Visio*.

Hinc non procul sunt :

Champnitœ, sive *Champnicium*, quo nomine est etiam civitas in *Misnia*.

Portuzona, quæ secundum litus *Araris* sita est.

Amancium, etiam ad *Ararim*. Est aliud oppidum eodem nomine, *Eburonum*, supra *Namurcum*. Hæc à me silentio involvuntur, cum aliquot aliis quando mihi perspecta non sunt.

Sed ut quæ mihi nota sunt prosequar, in hoc tractatu nihil est *Græo* civitate præstantius; de quâ ut dicamus, non ordo tantum, sed etiam loci celebritas postulare videtur. Nam, inter præcipuas nostræ Burgundiæ civitates computatur. Amæna est, et in ipsa *Araris* ripa, dives opum variarum et nullius indiga cultus. Est quoque magnificas ædes hîc cernere passim, strata platearum, et vitreos per compita fontes, ornamenta urbis, populi que haud commoda parva. Illustrior redditur multis et æternitate dignis ingeniis. In his sunt : splendidus et nobilis, atque justissimus veteranus ille, præses Dolanus, Hugo Marmerus, D. à Gatel; Natalis Hugo; et aliquot alii viri doctissimi et disertissimi, atque utrâque linguâ optimæ præditi.

Ex altérâ autem parte patentes habet campos, rerum omnium copiâ fœcundissimos; qui sic opimi sunt et fertiles, ut et ubertate agrorum, et varietate fructuum, et magnitudine pastionis, et abundantiâ earum rerum quæ ad victum hominis spectant, et exportantur, facile vicinis terris antecellat.

Sed Dolam linquimus, atque iterum montes libet ire per altos. Duobus autem milliaribus supra *Arbosium*, meridiem versus, est *Polichnium*, quod nomen Græcum est, et in linguæ nostræ coloniam olim traductum. Majores enim nostri plurima vocabula ex aliorum linguis, à Græcis, Hebræis, aut Latinis, mutuati sunt. Πολιχνη enim, et Πολιχνιον oppidulum, sive civitatulam, significat. Non inconcinnum est hoc oppidum, mœnibus et turribus pulcherrimis munitum, intus editissimo in loco adjacente arce *Grimontiâ*, nostris hominibus dictâ. Hinc sylvosis, illinc vitiferis montibus septum, quorum montium vinum est etiam laudatissimum. Hic sunt tria collegia. Primum Canonicorum, in quorum templo generosi Guilhelmi à Balmâ Perani cadaver sepultura donatum est, de quo Micaelus Toxites Rheticus, hoc epitaphium scripsit :

Guilhelmus tumulo situs est Balmœus in isto,
   In flore quem vitœ abstulit
Mors fera, bis senos dum vix impleverat annos.
   Sic vere decidunt rosœ.
Omnia prudenter positis puerilibus egit,
   Verbisque retulit senem.

Jam laudem ingenio, studiis que paraverat amplam,
Eratque suâvis omnibus.
Non illo quicquam vidisset Gallia majus,
Si patriæ superstitem
Servasset Christus : cum quo nunc vivit ab omni
Cura solutus corporis.

Secundum, Dominicanorum. Tertium, Clararum virginum. Plateæ sunt
latæ, rectæ et nitidæ, quæ rivulos miræ jucunditatis habent. Forum elegantissimum hodie construitur. Habet, autem, inter viros eruditione
clarissimos, Petrum Favernerum, canonicum, maximâ mecum necessitu-
dine conjunctum; Joannem Chappusium, et Matthæum Junium, qui
præter legum peritiam, litterarum politiâ conspicui sunt, et mihi (quod
jucundum est) amicitiâ, benevolentiâque, à multis annis, conjunctissimi;
Joannem Metellum, summum Jurisconsultum; et Claudium Lucium poetam
doctissimum; quorum hic illustrissimi Guilhelmi a Nassau, Aurengiæ
principis, D. à Nazaret, in Burgundiâ juridicus est; Stephanum Nycodum,
Johannem Matthæum, apud Dolanos Gymnasiarcham, literarum et omnium
bonarum artium insigniter doctus. Sunt, item, inter clarissimos et amplissimos cives, Joannes Daguetus, et Joannes Favernerus, mihi quoque
multo sanguine juncti.

Non longè ab hoc oppido, eâ in valle meridiem versus, est cœnobium
12 monachorum et unius præfecti, quod illi *Vaulx* appellant, à Fride-
rico, cognomento Aenobarbo, id est Barbarossa, genere Suevo imperatore,
constructum, Cluniacensis ordinis, opimisque proventibus ditatum, sub
Alexandro III Pontifice, anno 1146, sanè sanctum apud Polichnienses
ac religiosum. Huic hodiè præficitur Petrus Cholus, vir tam pietate quam
nobilitate clarus.

Polichnio imus *Lothanum*, quod in Petri Grappæi, viri singularis ingenii et candoris gratiam, hic adscribo, qui ejus loci phano præfectus est;
ut liquidò cognoscat, me sui studiosissimum esse. Pagus est oppidi instar, in fœcundissimo ac vitifero monte conspicuus, satis dispersus, sed
elegantissimis domibus refertus, ostentans D. Lothani, omnium suæ ætatis morum sanctitate præstantissimi, sepulchrum, in subterraneo et antiquo phano, undè postremò denominationem cœpit hic locus : qui quòd
placidus et commodus sit, atque voluptate afficiat, tum quia primæ nobilitatis vinum illic provenit, longo temporum intervallo *Siesia* dictus fuit, à
populari dictione *Ci aisc.*

Paulò infra meridiem versus in eodem agro regia Regis erat Burgundiæ,
cujus antiqua ruinarum vestigia et rudera apparent, et ab ejus loci incolis
Chambrette au roy hodiè dicitur. Sanè hoc in loco preciosa etiam vina

generantur, et è terrâ foditur gypsum et marmor candidi coloris, alabas-
trites dictum.

Sed ad *Castrum Caroli*, sive *Carolostadium* properemus, hinc duo millia
distans,à Carolo,cui ob res gestas Magno cognomen fuit, ædificatum et nun-
cupatum, quem admodum et aliæ multæ urbes, conditorum nomina
retinuerunt : situ nobili et valido, tum Vestalium monasterio, in quo
nobilium tantum natæ et virgines recipiuntur, nominatissimum. Ejus
quoque celeber mons præbet generosa et dulcia vina :

> *Impositæ apparent hinc multæ collibus arces.*

Huic propinqua est *Balma,* natura munitum oppidum, insigne antiquo
et omnibus majore monasterio ordinis Cluniacensis, cujus fundamenta
Bruno, Chilperici regis Burgundiæ filius, maximis impendiis jecit. Sed
ruinosum et penè vetustate collapsum, nostrâ ætate magnificus et excel-
lens antistes, D. Guilhelmus à Poupet, ejus loci hæteriarchus, Mecœnas
meus, reparavit, atque longè majus, longè que magnificentius quàm antea
fuerat, extruendum curavit. Hic, naturæ opificium singulare admirari
poteris ; nam undiquè totum oppidum, nisi quâ *Castrum Caroli* itur, al-
tissimis rupibus veluti muro circumvallatur, ex quibus *Cella* flumen sca-
turit, ad *Arlum* delabens.

Hanc vallem egressis, visuntur *Celeræ,* vetustate ac incendiis penè
collapsæ. Arx quoque semi diruta est, patria nostri Petri Froissard medici, quo nihil doctius. Habent hîc Franciscani de Observantia monasterium.

Hinc, ocyus ad *Arlum,* antiquam properabimus urbem, solo omnige-
num rerum fertili nobilem, dum Regum Burgundiæ adhuc in integro fortuna erat. Sed ejus splendorem obscuravit Nozerethum, in quo principes
sedem suam (amœnitate, ut credo, loci ducti) hactenus constituerunt. Di-
midia hujus urbis pars in montis planicie arci adjacet, et *Superior Burgus*
dicitur. Inferiorem vero civitatem, quæ prope *Cellæ* fluminis ripam jacet, ac in collis molliter ascendentis parte posita est, posterioribus seculis
principes à Chalon, condidisse, ac *Arlez,* hoc est *juxta arcem,* cognomi-
nasse, neminem latere arbitror. Prima enim ejus nominis syllaba, quæ est
Arx, ab arce deducta est : quæ sanè mox partem illam urbis in monte
sitam, naturâ munitam significat. Altera autem, quæ est *lez,* nostris hominibus pro *juxta,* aut *propè,* usurpatur.

Hinc simul occurrit *Rufacum,* amœnum oppidum, lætissima rura habens,
ex quo Claudius Lesmæus noster natus est, vir non solum eruditione et
humanitate præstans, sed integer vitæ, scelerisque purus, atque mihi
ongâ consuetudine, summâ benevolentia, summo studiorum consensu,
charus, atque perinde devinctus. Hoc præterlabitur amnis *Cella.*

Sed hinc divertamus *Blæterum*, in planicie etiam situm, mœnibus cocti lateris, turribusque et arce egregiè munitum. *Cella* amnis obit muros cœno et graveolentibus undis. Hujus ager lutosus plurimùm loquaces ranas producit, tamen fertilis, et tritici præcipuè ferax. Unde *Blelerum*, quasi *Bleterra*, dictum esse oppidum, arbitror. Nam Gallis, *blé, triticum* dicitur. Domos multas et elegantes communiter ex latericio lapide habet. Anno 1519, secundo Julii, incendio ferè totum conflagravit. Hìc nati sunt: Petrus Agius à Polichni, vir pius perinde atque eruditus, et item Paulus Michoderius, et Petrus Badinus, optimæ spei juvenes, et rectissimis quoque studiis atque optimis artibus dediti.

Hinc brevis est transitus ad *Lædonem* elegans cumprimis ac in plano situm oppidum, ubi hac ætate est celeberrimum emporium. Occupavit enim totam veterem gloriam montium *Moreti* et *Acuti*. Nostra verò memoria, ter incendio fortuito corruptum fuit; cujus ædem D. Desiderato sacram reverendissimus præsul, Guilhelmus à Popet, à fundamentis penè novam reddidit. Ipsum quinetiam oppidum nunc *Lonsalinum* vulgò nomenclaturam habet, à *Salinis*, quibus olim celebre fuit. Huic porro sunt duo contubernia : unum Franciscanorum qui nunc audiri volunt de Observantiâ; alterum Monialium. Platæas satis amplas et rectas habet, domos multas elegantes et magnificas. Fossis aquaticis, sæpe undè solet corrumpi aer, cingitur, ac magnis circumquâque suburbiis impeditur. In eâ civitate sunt præstantissimi aliquot jureconsulti, videlicet : Desideratus Vaulcherus, subjuridicus, Claudius Loysetus, Claudius Jannandus. Philibertus Porterus, Petrus et Joannes Mercerii, Stephanus Dometus, omnes miræ cùm eruditionis tùm candoris.

Non longè hinc est *Salsubium*, à salso etiam fonte olim ibi scatente, denominatum : nostris *Saulbie* dicitur. *Monsmorotus*, autem, in monte est non arduo. *Monsaculus*, verò, præexcelso in colle, atque conspicuo. Ambo sunt vitibus consiti et vini generosissimi feraces.

Mox est *Laurentianum*, exiguum quidem admodum illud, sed miram profectò vetustatem referens. Inter hoc et *Montem acutem*, fuit arx ferè inexpugnabilis, quæ quoniam viarum obsessores recipiebat, et exulibus erat asylum, Burgundionum armis subversa esse fertur.

In hujus planicie est aliud oppidum, *Agnetum* dictum; quod sequitur *Cuyselum* ad radices montis, quod multis licet ruinis deformatum, miram tamen præ se fert antiquitatem; et in eo est Canonicum collegium. Totus hic tractus est viniferax.

Vicenæ, hodie à *S-Amore* denominatum, oppidum mercatorum insigne, satis amplum, pontesque memoriâ Guilhelmi à S-Amore perpetuò clarum, qui scripsit libros tres contra hæreses Mendicantium, quibus titulum fecit: *De periculis temporum*. Vixit sub Ludovico sancto, hujus D. est

Philibertus à Balmâ, Baro à Monfalconeto, Caroli V. Cæsaris œconomus, et ordinis S. Jacobi commendator. Hoc oppidum ornant viri aliquot omni virtute præstantes.

Et clari Latiâ linguâ, linguâque Pelasgâ.

Hoc in tractu omnium postremum est *Colognia*, partim nostræ, partim Gallicæ jurisditionis.

Hactenus, favonium versus, id est, ad occidentem, lustratis ordine civitatibus, nos tandem ad septentrionem pergemus; de cujus civitatibus, ordo postulat ut nunc dicamus.

A septentrione quatuor millia passuum, ad sinistram, sunt *Salinæ*, amplissima civitas, toto orbe nominata ac celebris, à salsis et altis fontibus, ibi juxta alios aquæ dulcis fontes scatentibus, denominata; unde, sal igne densatum, in usus quotidianos conficitur, candore præstans, ac maximum nostræ Burgundiæ vectigal; quod inde in finitimas regiones immensis curribus exportatur. Munitissima quidem illa, cùm celsissimis turribus, et firmissimo muro, tum duabus arcibus, *brachiorum* instar: unde illa quæ ab austro super rupe est nomen *Brachium*: altera verò ab aquilone, etiam ipsâ in rupe, castrum *Belim* dicitur. Civitas autem ipsa in magnâ et angustâ valle in longum extensa, inter montes horrendâ altitudine, vinum apricis in locis fundentes præstantissimum, sita est. Vallis verò ipsa olim *Scodinga* dicta fuit, ut in D. Anatolii historiâ legimus; quæ fertiles habet agros, sed ob loca concava et montium asperitatem cultu difficiles:

. . . . *Fontibus omnia puris*
Hic sunt irrigua, et rivi de rupe cadentes,
Prata per et campos labuntur murmure dulci.

Civitatem, porrò, *Forica*, sive *Foriola* fluvius præterfluit, ad quam sunt molæ aliquot. Sic autem dicta est quòd urbem immunditiis purget. In eam enim fœdissima ventris proluvies, quisquiliæ, et urbis purgamenta dejiciuntur. Sunt qui *Furiosam* magis verecundè vocant, quòd sit rapidus et cum celeritate et furore labitur.

Habet celeberrima Canonicorum collegia tria, in quibus principem tenet locum, quod est à D. Anatolio denominatum, cujus præpositus est Joannes à Paulo, maximus et summo loco natus, vir pius perinde atque eruditus; secundum est D. Mauricii; tertium Michaelis. Est item cœnobium Franciscanorum, qui à grandi manicâ Majores vocari volunt. Vestes enim largas cinctas, et in talos usque demissas, cum largis et capacibus

9

manicis gestant. Sunt et parochiæ quatuor, videlicet : D. Anatolii, Mauricii, Joannis Baptistæ, et Virginis Mariæ. Pauperum, porrò, xenodochia tria : Montis acuti, D. Bernardi in civitate, et Brachionis in rupe occidentem versus. Sunt præterea, sacella aliquot, potius quam templa. Domus autem sunt magnificæ et luculentæ, majoreque ex parte gypseæ, parietibus tenuibus, in altum erectæ, interpositis crebris trabium craticulationibus. Vulgares etiam ex luto gypsato crustatæ sunt.

Habet porrò hæc civitas multos genere et eruditione clarissimos viros, inter quos sunt: D. Nicolaus Gylleus, D. à Marnoz, homo apprimè nobilis atque egregiè eruditus, qui legationes quamplurimas sub Carolo V. Cæsare, ad exteros principes magnâ cum laude atque feliciter obivit ; Philippus Guierche D. à Chenevre, vir non minus omni eruditione, quam genere antiquo et illustri clarus, magnis in rebus haud vulgariter versatus, magnæque in eâ civitate auctoritatis ; Joannes et Petrus Sacheti, fratres, uterque insigni doctrinâ et pietate spectabilis ; Marcus Mercator, ingenio clarus, et præstans vir, in xenodochio Montis Acuti præfectus, quem Dominum magistrum vocant ; Joannes Gylleus, in omnium disciplinarum genere graviter eruditus, et poeta præclarus ; Antonius Chavirus, medicinæ doctor ; Franciscus Dolonval, apud D. Anatolium ecclesiastes, litterarum et omnium bonarum artium, astronomiæ, architecturæ, et statuariæ cum primis studiosus,

Unius autem teli jactu, supra civitatem, est cœnobium Regularium, ut vocant, dictum *Goyle*, in rupis radice.

Uno, porrò, milliari occidentem versus in rupis cacumine, est monasterium, quod *Mariæ à Castro* dicunt.

Sed de *Salinis* hactenus.

Nunc ad *Dornonem* vicum, insigni Gallorum clade et superiorum Burgundionum victoriâ nobilissimum, ascendamus, rectà illinc per *Asnam* ad *Montem Majorem* venturi. Vicus ipse satis contractus est, genialis tamen gratiæ et ruralis amœnitatis non expers, cujus illustrationis causa hæc fuit:

Sigismundus, hoc nomine primus, Austriæ Archiduc, in *Tyrolis* dominio Fridericum, patrem sequutus, statim inter initia principatus inauspicatò manum cum Helvetiis conseruit, dum avitam in Helvetiis ditionem aut tueri armis, aut vendicare amissam conaretur. Quo cùm nihil proficeret, Carolo Burgundiæ duci, ea bona levi pretio vendidit. Qui armis Helvetios ad obsequium redacturus, in ipso conatu propè *Nancum* Lotharingiæ urbem, concidit, anno Christiano, 1477. Cæterum eo cæso, Ludovicus, hujus nominis undecimus, Galliarum rex, armis Burgundiam ferè totam Cranio et Carolo Ambosio, summis rei bellicæ ducibus, subegit. Sed dum secus quàm militaris disciplina expostulabat, quidam cognomento Maillot, qui præsidii causâ in Brachione relictus fuerat, incautè quadrigentos tantum ex nostris multis in locis aditus obsidentes, ac ad pugnam præter spem instructos adortus fuisset, fuso Gallorum exercitu, ac penè ad unum conciso, ipse ad *Dornum* vicum, locum istâ clade nobilissimum, globulo manuariæ bombardæ occubuit. In eo conflicto desiderati ex principibus pariter sunt aliquot, quos hic recensere non libuit. *Salinis* enim apud S. Mauricium visitur sepulchrum Adami à S. Lupo, equitis aurati, 26 Januarii è vivis sublati. Dies autem conflictus fuit 17 Januarii, D. Antonio festus anno Christiano 1492. In quo si aliàs unquam, tunc Burgundionum virtus, in primis Migiensium, enituit, qui post hanc præclaram victoriam atque Gallorum cladem respirare, ac rem inclinatam restituere cœperunt. *Salinas* urbem gravi obsidione liberarunt, relictos que præsidii causâ in Brachionis arce elicuerunt Gallosque omnes Burgundiâ superiori exegerunt.

Sed quò digredior ? hæc extra lineam dicta videbuntur.

Ad suscepta igitur, et de *Asna* dicamus, quæ dictio Arabica est, et *illustrem* significat. Arx, autem, est oppidi instar, omnium celeberrima, natura loci valida, munitaque. Sita enim est in colle saxoso, surgente in proceram altitudinem, qui nec adiri potest. Nam vallibus est circumdatus omni ex parte, quarum profunditatem quis comprehendere visu nequeat. Valles sunt angustæ et ˜inextricales in quibus visitur monasterium Clararum virginum, dictum *Migetæ*.

Ab *Asnâ* unius lapidis intervallo abest *Mons Major*, pervetus arx in excelso monte, specula totius Burgundiæ, et ejusdem nominis oppidum, cujus mœnia sunt ferè ruinosa. Arx ipsa aliis utriusque Burgundiæ oppidis sese undique spectandam multo splendore præbet, et plures arces, vicosque frequentes lætis oculis aspicit. Cœlum habet saluberrimum, et agrum fertilissimum.

Hinc sursum, versus Eurum, hoc est Orientem, sunt:

Monasterium *ad Altam Petram*, populariter *Moustier*, à monasterio, concisa media syllaba, dictum; et *Villephanum*, in valle situm, habentia præter cæteram feracitatem, agrum vino aptum: quapropter maximam vini partem Vercellensibus et Mortuacensibus præbet, cum montes habeat undique sibi imminentes vineis, usque ad verticem ferè, plenos, qui pro muris sunt. *Villephano* autem stant collaterales arces duæ, in montibus : quæ ad austrum est munitissima mœnibus, turribus fossis, propugnaculis, copia rerum, viribusque instructissima, instar oppidi. *Castellum Vetus* vocatur ; quæ vero ad septentrionem etiam egregia et munita stat. *Castellum Novum* dicitur.

Sed hinc proficiscamur *Ornatum*, inter excelsissimos montes situm, illustri Nicolai Perrenoti à Granvillâ, supremi rerum status consiliarii, et sigillorum Cesareæ Majestatis conservatoris ac custodis, ortu nobilem locum.

Hæc tria *Lupa*, altissimus, latissimus, et rapacissimus Burgundiæ fluvius, interfluit; in quo sunt multa pisciam genera, inter quos numeran-
tur alosa, barbatulus, anguilla, et aurata. Is oritur paulò supra monasterium ad *Altam Petram*, et non ita longè infra *Ouinum* pagum, nec longè
à *Dold*, cum *Dubide* in *Ararim* aquis properantibus devolvitur.

Proximè Ornatum arx in colle stat, oppidi instar, tum aspectú magnifica. Paulò infra sunt ferrifodinæ et aliquot arces munitissimæ in montibus.

Ad ejusdem *Lupæ* ripas, haud procul, est arx *Clarum*, in colliculo,
cum ejusdem nominis pago.

A quo, non multum ulterius sursum versus *Vesontionem* digressi, ecce
superbas [*Montronci* turres atque domos videmus, celsis in rupibus extructas, cujus loci naturam atque situm et ampla commoda omnes mirantur.

Paulò infra, ad sinistram, est arx *Argua*, et ei subjectus pagus celebrati
nominis:

> *Plena hic floribus ipsa prata rident,*
> *Hic colles humiles amat Lyœus,*
> *Gaudet copia fructibus repleta*
> *Cornu suavibus.*

A *Salinis*, ad sinistram, brevis est transitus ad *Rhenam*, et hinc, *Quin-
gium*, vetustissima oppida, ad *Lupæ* quoque ripam posita. Utrumque
Ambosius solo adæquavit, nunc utcumque restitutum.

Ultra *Vesontionem*, aquilonem, hoc est septentrionem, versus, sunt: *Balma* Dubidi imminens, Christophori Simoneti patria, hominis ingenio et
candore latino ornati, quemque musæ non abhorrent; *Bevium*, sic dictum quòd iter ibi in duas vias scindatur; *Claravallis*, et *Lila*, ripensia
Dubidis oppida; quorum primum miserabili incendio conflagravit, anno
Christiano 1534, die martis 6 octobris, paulò antè meridiem; et ferè eodem
tempore fatali igne *Luxovium* incensum et diritum esse dicitur; *Vesulium*,

> *Haud numeranda inter postremi est nominis urbes,*
> *Seu privata notes, seu publica munia rerum.*

Huic sunt fortissima mœnia, ac magnificæ domus. Vitiferum est, et
refertum viris cùm authoritate et moribus, tum litteris et beatissimâ ingenii ubertate conspicuis. Quorum singula nomina si numerare conten-
derem, in longum nimis nostra protraheretur epistola. In his sunt: Joannes et Thomas Soneti, fratres, miro et animi et eruditionis candore, quorum consuetudine diu *Dolæ* usus sum.

Mox est *Luxovium*, cœnobio à Chilperico, Burgundionum rege, cons-
tructo insigne. Hic tepidæ aquæ ad balnea scaturiunt, ebuliuntque.

Rubimons, olim opulentum oppidum, nunc admodum ruinosum, ubi quotannis, die Georgii festo, totius Burgundiæ nobiles conveniunt, diemque illum sacris ritibus lætitiâque prosequuntur. Id institutum factum traditur circa annum Christianum 1370.

Gyum, civitas munifico, nec aspernando popello, cujus ager incomparabilis fœcunditatis est; nam vini est ferax, quod virtute et gratiâ cum Vesontico certat. Vehitur in Germaniam, non quidem publicè promercale, sed privatim à magnatibus. Hieronymus Buslidius, archiepiscopus Bisontinus, his excelsas turres construxit, et arcem longè splendidissimam.

Morellum, vitiferum, quod Petrum et Franciscum Richardotos nobis dedit, fratres, et canonicos apud D. Joannem Vesontii, viros solidâ doctrinâ; et, si quid honoris inde esse possit, quorum alterum, Petrum, singularem amicum meum, mors acerba ante diem abstulit, longiore planè (si ita visum Deo fuisset) vitâ dignum, cujus quidem fatum magno accepi dolore.

Marnecum oppidum.

Charriæ, ubi Franciscani etiam domum habent.

Monbosium ad *Sepiam*, cujus arx ruinosa, et in quâ Jacobitarum cœnobium. Patria nostri Guilhelmi Marii.

Junvilla, amplum et vetus oppidum, mœnibus senio nutantibus.

In hâc superiori Burgundiâ, passim fructus, quidem ipsi quam diutissimè incorrupti, et succulenti servantur. Homines autem vegeti floridique rarò, nisi propriâ intemperentiâ, aut extremo senio absumuntur. Ad vigesimum enim supra centesimum annum quamplurimi solent vitam protrahere.

In eâ supersunt enim, fateor, plures amnes, lacus, rivi, oppida non pœnitenda, et arces in montibus aptissimè collocatæ; quarum quædam aut eversæ, æquatæque solo, aut semiustæ flammis, aut dirutæ, et in rudera fœdissimè disjectæ, de quibus in libro illustratæ et reparatæ veteris Burgundiæ, commodius, atque item copiosius (si nobis vitam Deus prorogaverit) referemus. Nam hæc aliud tempus et aliud otium requirunt.

In eo autem libro totam superiorem Burgundiam, Galliæ Belgicæ regionem, secundum jurisdictiones et præfecturas, quas Budæus in *Forensibus*, Diœceses vocat, Græci Βουλαρχιας, nos, balliages, vocamus, in triâ laterâ secuimus; videlicet: Inferius, superius, et Dolanum. Denique ejus situm in hunc ferè modum figuravimus, ut ab Oriente ad Helvetios usque ascendat, à meridie ad Allobroges et Secusianos definiatur; ab occasu; inferiori Burgundiâ, à septentrione Lotharingiâ et superiori Germaniâ terminetur. Postremò, veteris Burgundiæ descriptionem ac chorographiam addemus, cum vetustis et recensioribus locorum vocabulis. Primos, item, heroes, deos atque reges Burgundiæ, primas expeditione majorum nostrorum in alienas exterásque nationes, rem militarem, mores, leges, et ritus, pondera mensuras, et monetam, religionem, studium, et vestitus

Nec præteribo illos qui à susceptâ semel Christianâ religione, pietate insignes, in ecclesiam munificentissimi semper extiterunt. Recensebo etiam ex horum familiâ multos admodum, qui pro Christi fide adferendâ, pro Christi ecclesiâ tuendâ, sanguinem admirabili constantiâ effuderunt, et qui pro fidei constantiâ ac vitæ sanctimoniâ, in divos relati sunt. Burgundionum, porrò, veteres sedes, quomodo ex Germaniâ interiore, atque Vistulâ amne ad Rhenum et Gallias migrarint, longè latèque omnia occuparint, atque potentissima regna et civitates condiderint. Ad hæc, maximam Burgundiæ mutationem, quæ longo tempore sub regibus fuit; nunc, autem regiâ dignitate amissâ, Ducatus et Comitatus titulis insignis est, cujus principes cæterorum Christianorum duces et comites facile præcellunt. Complura item alia vulgo non protrita, cognitu utilissima atque jucundissima, in primis temporis nostri res memorabiles, ob communem studiosorum utilitatem, in hisce commentarlis referuntur, quæ hic indicare nihil operæ precium est.

Me namque etiam hæc epistola, quæ jam ad exitum spectat, prohibet latius evagari. In quâ tametsi præproperè omnia, et ut canis è Nilo, perstrinximus, remque omnem suspensâ (quod aiunt) manu, delineavimus verius quam depinximus, satis tamen hæc tibi, mi Babete, etiam fore confido. Quod si ea parum accuratè tibi videbuntur curata quod usus sim vulgaribus atque hodie receptis locorum nominibus, ut omnia sint magis plana, cures exactius. Habebis saltem, in quo doctrinæ tuæ et ingenii nervos omnes contendas. Hæc enim vocabula quæ nunc sunt nova, fient olim vetera. Nam et illa quæ nunc sunt vetusta, erant olim nova. Cæterum, ego quidem Vesontionem tenui fistulâ cecini, sed spero brevi tuam tubam ejus civitatis præconia clarius resonaturam.

Bene vale, et me (quod scio te facere) ama. D. Francisco Richardoto ex me P. S. dices; quem rogabis ut me reverenter et diligenter magnifico Præsuli Luxoviensi commendet. D. Humbertum Jantotem, municipalem et primarium istic judicem, in tantâ gratiâ, tantâque authoritate apud Vesontinos esse gaudeo, nam semper visus est amans mei. Salutabis hominem meis verbis amanter. Et item, D. Ludovicum Favernerum, cœnobii D. Vincentii νοσοχομον, cum Paride ejus fratre. Tornondo precor apud vos propitiam Deliam. Tum Munsterum nostrum, solerti virum ingenio, ut aliquando nostram regionem cum cæteris adornet, non tessabis, suâ sponte ad studiosorum hominum commoda propensum, sedulò cohortabi.

Iterum etiam atque etiam vale.

FINIS.

TABLE

V

Imp. Gauthier Frères, à Lons-le-Saunier.

www.ingramcontent.com/pod-product-compliance
Lightning Source LLC
Chambersburg PA
CBHW071948110426
42744CB00030B/640